# 職場の
# 著作権対応
# 100の法則

COPYRIGHT MANAGEMENT IN BUSINESS

ビジネスで直面する
著作権のモヤモヤを解消する

友利 昂
SUBARU TOMORI

JN066435

日本能率協会マネジメントセンター

## はじめに

　筆者は長年、複数の企業で知的財産・法務業務に携わり、ビジネスの現場で発生する著作権や知財関連の困り事の相談に乗っています。また、さまざまな企業の知財人材の取材などを通して、こうした困り事には業種や企業規模にかかわらない「共通の悩み」というべき普遍性があることも自覚しています。

　長年の経験から実感することがあります。それは、法律相談に対して法的リスクを指摘することほど簡単なことはないが、リスクを指摘するだけではビジネスの現場にとって大して役には立たないということです。

　通り一遍の法律知識があれば、ある事業上の行為について「この法規制に引っかかりそう」と気付くことができ、そこで「リスクがあります」と答えることは容易なのです。そして法務部門からそう言われると、通常のコンプライアンス意識を持っているビジネスパーソンであれば「あぁ、リスクがあるんですね。では止めておきます」と引き下がるでしょう。「本当にリスクがあるのか！？」「じゃあどうすればいいんだよ！？」などと食ってかかる社員は、ほんの一握りではないでしょうか。

　リスクの指摘は必要であり、無価値ではありませんが、真に必要な法的アドバイスとは、現場の誰しもが喉の奥に呑み込んでいる「じゃあどうすればいいんだよ！？」に答えを示すことでしょう。それは現場の潜在ニーズに応えるということでもあり、こうした法的障害を取り除いてビジネスを前に進めるための戦術にこそ、ビジネスの競争力を高める力があるからです。「リスクがあ

りますね」「では止めておきます」の繰り返しでは、確実に安全圏で動けますが、競争力に欠けた無難で当たり障りのないビジネスしか実行できません。

　ところが、法務部門や弁護士のアドバイス、一般向けの著作権解説書などの内容が、単なるリスクの指摘に留まっていることは少なくありません。それはリスクの指摘が、よほどの筋違いでない限りは間違いにはならず、無難だからでしょう。

　本書は著作権を中心に、関連法規を含めた理論上のリスクを示したうえで、ではどのように法律を解釈し、実務においてどのような工夫すれば、そのリスクを減じて乗り越えることができるかの解説に心を砕いています。

　代替手段はあるか。回避策はあるか。リスクを顕在化させないためにどのような予防策が考えられるか。顕在化したときにはどのように切り返すか。トラブルになったときにどのような対応をすれば解決できるか──これらを考え、なるべく明確に答えを示したつもりです。そうした検討を踏まえたうえで、踏み越えるべきではないリスクには指摘をするようにしています。

　ビジネスの現場で、素朴な疑問や困り事を抱えている担当者の顔を思い浮かべて、「こう考えればいいんだよ」「ここまでなら大丈夫だよ」と答えるつもりで示した著作権対応に関する100の法則。読者の皆さんにとって、少しでもお役に立つところがあれば、著者として嬉しく思います。

　2023年6月

友利　昂

職場の著作権対応100の法則　◎目次

**第2章 参考、流用、引用……どこまで許される？企画業務と著作権**

**第3章** **目立ちたいがトラブルも困る!?**
**販促・広告業務と著作権**

---

第4章 **クライアントと著作権、強いのはどっち？**

---

## 第5章 著作権トラブルを知恵と勇気で乗り切ろう！

※本書で言及している法制度について、特にことわりがない場合、2023年7月1日時点のものになります。

第1章

# 日常業務で
# ふと著作権が
# 不安になったら

「会議用に人数分コピーしておきました」
「さっきの資料を先方に共有しておいて」
ビジネスシーンにおける日常的な動作だが、
ふとしたことで不安になる。
「著作権上は大丈夫なんだっけ？」と。
ビジネスの常識と著作権のルール、どのように折り合いをつければよい？

## 001 社内でのコピーはどこまでOK?

# 著作権者の不利益を
# 想像して適否を考えよう

　簡単なようで難しい。著作権法は「個人的に又は家庭内その他これに準ずる限られた範囲」で使用する目的での複製（私的複製）を認めている[*1]。しかし、会社などの組織における業務目的での使用は、原則この私的複製にはあたらないと考えられているむきがある。したがって他人の著作物を会社で複製することは著作権侵害、これがシンプルな答えである。なお、複製にはプリントアウト、書類をスキャンしてPDF化すること、サーバへのデータアップロード、Eメールへの添付なども含まれる。

　「難しい」と書いたのは、この答えがビジネスの現実とは乖離しているからだ。仕事にならない、という意見もあろう。そこで本書ではもう少し踏み込んで考えたい。

　一口に「会社での複製」といってもその目的や態様はさまざまであり、十把一絡げには語れない。**著作権法上許容される（私的複製の範囲に収まる）「会社での複製」と、そうではない「会社での複製」があると考えるべきだろう。**

　法律上、私的複製が認められている理由は、著作権を保護しつ

16

つも、一方で①私的領域における行動の自由（法の不介入）を保障する必要性、②私的領域における著作物の利用を促進することで文化の発展に貢献する必要性があるからである。これを踏まえれば、「著作権」（著作権者の利益）と「私的領域で自由に行動できる権利」「著作物の利用による文化の発展が妨げられない権利」（利用者の利益）のバランスを考え、後者を守るべき事情があれば、その複製は私的複製と評価できる。

　例えば、数人での打ち合わせ資料として、競合他社のパンフレットや一般に配布されている営業資料を2〜3部コピーするケースを考えてみる。その打ち合わせのためだけに使われるのであれば、資料のコピー自体が著作権者に与える不利益は極めて軽微である一方、いちいち著作権者に許諾を求めたり対価を支払うことは、個人にとって大きな負担（自由制限）である。そのために業務が滞れば、著作物の利用が過度に妨げられていると評価できる。こうしたケースでは、私的複製として認められよう（➡ **002** も参照）。

　学説上も組織内でのコピーについて、「事実上の私的領域の行動の自由を保障する必要性の高さと、権利者にもたらす不利益の程度の低さのバランス等を考慮して、私的複製の範囲内と評価すべき場合がある」とする見解があり、本書もその立場に立つ。

　ただし利用者側は業務上の複製が日常的であるがゆえ、「複製する自由」に考えが偏重しがちである。日々の複製において「著作権者の立場だったら、このコピーは不利益にならないだろうか」と想像しながら、その適否を考えることが重要だ。

---

＊1　著作権法第30条1項

# 社内で認められる「私的複製」の程度は?

# 「個人的」と同視できる
# レベルであるか

　私的複製の範囲に収まる会社内での複製行為には、どのような類型があるのだろうか。**まず、会社内で複製しているが、目的が完全に個人的なら私的複製だろう。**

　例えば、会社で購読している雑誌に面白そうな記事を見つけて「家でじっくり読みたいから」とコピー、あるいはプライベート用のクラウドストレージにアップロードする（→ **014** ）。帰りに新しくできた居酒屋に寄りたいので、店の地図をプリントアウトする。お気に入りのキャラクター画像をダウンロードして、会社から貸与されているパソコンの壁紙に設定する。

　これらは個人が自分自身のみの便益のために行うものだ。会社のコピー機を私的に利用したり、外部のストレージサーバにアップロードしたり、社用パソコンをカスタマイズすることが、その会社の社内規則に照らして適切かは確認した方がよいが、著作権侵害の問題は生じない。

　では、報告書を書くために専門書をコピーする、出張先の同僚のために会社の蔵書を必要な箇所だけコピーして送信する、会議

のためにウェブページを人数分コピーする、会社の忘年会の会場となる店の地図を人数分プリントアウトする —— このようなケースはどうだろうか。

　これらは個人が自分自身のために複製しているのではなく、他人（会社や会社の同僚）の便益のための複製である。これらを「個人的」と位置付けるには、**複製によって著作権者にどの程度の不利益があるか、複製を制限すれば個人の自由や著作物の適切な利用促進がどれだけ損なわれるかのバランスを考え、その結果「個人使用目的の複製」と同視できるレベルであれば、私的複製と考えることが可能だろう。**

　例えば一般公開のウェブサイトは、もともと誰でもどこからでも無償でアクセスできるため、それを会議などの一時的利用のためにプリントアウトされても著作権者に特段の不利益はない。反面、プリントアウトの度に許諾を要するとすればかなりの負荷（自由制限、利用促進制限）となる。常識的規模であれば私的複製と整理できる場合が多いだろう。

　一方、有料記事や会員限定記事の場合、これを複製されれば、複製物の利用者は本来支払うべき対価を支払わずに記事を読むことができ、それは著作権者の不利益になる。部数や目的に照らし、一律NGとはいえないが、一定の配慮があるべきだろう。書籍のコピーも、絶版本と最新刊、あるいは一部と全部とでは、複製が著作権者に与える不利益の程度は異なり、それは法的な評価にも影響するだろう。

# 社内でのコピーが
# 著作権トラブルになる場合は？

# 権利者の経済的不利益になる
# ソフトや出版物のコピーに注意

　比較的安易に行う人も少なくないが重大な著作権問題として顕在化しやすいのが、業務用ソフトウェアのコピー（使い回し）である。業務用ソフトウェアは、多くの場合インストールできるパソコンの台数限定など、利用条件を定めたうえで複製が認められている。共用パソコンへのインストールを禁止したり、異動時のアンインストールを義務付けている場合もある。個々のユーザーは利用規約を読み飛ばしがちだが、規約に反した使い回しは著作権侵害である。**ソフトウェア会社としては、規約に反して複製された分だけ売り上げを失う直接的な不利益がある**し、業務のために反復継続して使用するソフトウェアの使い回しを、私的複製と同視できるシチュエーションはほぼないだろう。

　また、従業員が個人の判断で、海賊版などの違法コピーされたソフトウェアをインストールしてしまうこともある。会社として監視が難しい場合はあるが、業務上の行為である以上、発覚すれば著作権者は会社に法的責任を追及し、会社は従業員を処分するだろう。従業員本人としては、会社のコスト削減のためにと違法コピーソフトに手を出したのかもしれないが、**会社にとっても本**

人にとっても百害あって一利なしである。堂々と、正規品の購入申請をしよう。

　書籍、雑誌、新聞などの複製は、個々に見れば私的複製と同視できるシチュエーションはあるが、規模や反復継続性、目的その他の考慮要素から妥当性を検討することになる。例えば、新入社員研修のために毎年同じビジネスマナー本の抜粋コピーを配ることは、その目的や規模に照らして「個人的」と評価することはできず、またその本の著者や出版社にハッキリとした不利益をもたらす。個別に許諾を得るか、人数分購入すべきだ。

　もし境界線の曖昧さを敬遠するなら、JRRC（日本複製権センター）、JCOPY（出版者著作権管理機構）、JAC（学術著作権協会）など、出版物の複製利用許諾を代行する団体との契約により包括的許諾を受けてしまうことも一考だ。

　例えばJRRCでは、管理著作物（一般書、実用書、学術書が多い）について、出版物全体の30%または60頁以内、一回あたりのコピー部数が20部以内、スキャンデータ共有規模が社内の30人以内などの条件で、年間利用料「140円×従業員数」などのプランを有している[1]。

---

[1]　JRRC「使用料規程」（令和5年4月1日）

# イントラネットでの共有は違法?

# 原則としてNG。
# 正規サービスを利用しよう

　朝、社用パソコンを立ち上げたら、まずは社用イントラネットに掲載された新聞のスクラップ記事に目を通して情報収集。そんな方も少なくないだろう。しかし、もし会社が新聞社などに無断で新聞記事をイントラネットに掲載していたらどうだろうか。

　**社内という閉じられた環境での利用であることから、私的複製の延長であるかのような誤解がなされるむきもあるが、これは端的にいって著作権侵害になってしまう。**

　多数の社員に共有することを目的とする複製について、私的複製と見なせる余地はないだろう。また、イントラネットに掲載して各社員のパソコンに記事を送信することは、著作権のひとつである公衆送信権にも抵触する。公衆送信権とは、簡単にいえば著作物を公衆に向けて放送やネット配信する権利だ。

　したがって、著作権者である新聞社らの許諾を取らなければならないが、毎朝「今朝の朝刊、社内で配信してもいいですか?」と各社に聞いて回るわけにもいかない。そこで**実務的には各新聞社らとの包括契約や、日経スマートクリップ、ELNETなどの正**

**規のクリッピング配信サービスを利用することが多い。**

　では少人数の企業や、部署内での新聞記事の配信も著作権侵害になるだろうか。公衆送信権は、「公衆」を対象とした送信行為についての権利であり、著作権法上の「公衆」とは、不特定の第三者か、特定多数者のことである[1]。したがって、社内の決まった特定少人数を相手に記事を送信するにとどまる場合は、公衆送信権の侵害にはならない。

　しかしながら、配信のために記事をコピーしてPDF化するなどの行為については、複製権侵害の問題が残る。これをクリアするには私的複製のロジックを使うしかないが、いかに共有対象が少人数とはいえ、反復継続業務として日常的に新聞記事をコピーすることを私的複製と位置付けることはできないだろう。

　例外として、例えば珍しく自分の会社が記事に載ったことなどについて、そのとき限りの単発の作業として、記事を特定少数への共有のためにコピーする場合には、私的複製と見なしてもよいだろう。

---

[1]　著作権法第2条5項の解釈として

# メディア記事を合法的に
# 社内共有するには?

# コピーを伴わない共有は
# 多くの場合OK

　前項の通り、新聞等の記事を、会社内でコピーやデジタル送信することには原則として著作権上の問題がある。では、合法的に記事を社内共有する方法はないだろうか。

　実はある。まず会社で新聞や書籍を購入して社員間で回覧すれば著作権上の問題はない。ソフトウェアの「使い回し」との違いは、使い回しに際してパソコン等へのインストールを伴う（＝コピーであり、複製権の侵害になる）か、原本を回覧するだけかである。
　このように、**複製を伴わない資料共有を基本動作とすれば、社内共有の多くを合法化できる**。会議で出席者に新聞記事などを見せたい場合でも、同様に原本を回覧すれば問題ない。また書画カメラ（OHC）などを用いて原本をスライドに投影することも基本的には問題ない。これは上映権にかかわるが、上映権とは「公衆」に直接見せる、または聞かせるための上映に及ぶ権利である。したがって**株主総会や全社会議などであれば別として、出席者が特定された一般的な規模の会議では「公衆」にあたらず問題**

**ないだろう**。なお、一般的なオンライン会議における画面共有による投影も原則として問題ない（➡ 010 ）。

　会議資料（配布資料、スライド資料）内に他人の著作物を複製して掲載するシチュエーションでは、「引用」の体裁にすれば合法だ（➡ 031 ）。**引用であれば大量複製や公衆に向けた利用であっても合法性は変わらないため、大企業の全社会議であっても問題なく利用することができる。**

　新聞記事自体を転載することはNGだが、新聞社などの公式サイトの記事ページへリンクを貼るだけなら許諾は不要である。またその際、記事の見出しを掲載することについてもほとんど問題はないだろう。一般的に、時事報道のありふれた見出しには著作物性が認められないからである。もっとも、それなら従業員が各々でGoogleニュースやYahoo!ニュースを閲覧するのとあまり変わらないかもしれないが……。

## 社内のコピーで
## 裁判沙汰ってあり得るの?

# 組織的な社内コピーは
# いつか必ずバレる

　社内でのコピーは「私的複製」の範囲を超えれば違法だ。しかし、それが著作権者に発覚することはあるのだろうか。一見バレなさそうだが、そうとは限らない。組織として反復継続的に行うソフトウェアの使い回しや、新聞記事等の日常的な配信行為は、いずれは必ず発覚すると思った方がよいだろう。

　**代表的な発覚経路は内部通報だ。**上司や経営層のコンプライアンス意識の欠如を憂いて、あるいは単に職場環境に不満があったせいかもしれないが、「**うちの会社では不正コピーが蔓延している**」と著作権者や権利者団体に通報する社員は少なくない。
　中でも、ビジネスソフトウェアの権利者団体のBSAは、不正コピーを行う企業に関する情報提供を広く呼びかけており、提供者への報奨金の支払いや提供者の個人情報保護体制などを整備していることで知られる。また日系のソフトウェア、コンテンツ系企業が多く加盟する権利者団体のACCSでも、不正コピー情報の提供を広く受け付けている。
　これら団体に限らず、組織的な侵害行為に関する情報提供は、

その動機が何であれ、著作権者としてはありがたい話だ。**そして
こうした内部通報を端緒として、賠償請求や裁判沙汰につながる
ケースは少なくない。**

　一方、単発的、小規模、個人的なコピーが発覚することは少な
いというべきだろう。そもそも、社内であってもこれらは私的複
製の範囲に収まる場合も少なくないし、社会通念上も不正行為と
は見なされにくい。著作権者としても「昨日、同僚の○○が貴社
の雑誌を会社で2ページコピーしていました」などと通報されて
も、感謝よりも困惑の方が勝る場合がある。

　ただし絶対にバレないということはない。単発的な社内コピー
が裁判沙汰にまで至った珍しい事件が1973年に起きている[*1]。
これは、韓国政府が国立劇場の舞台装置設計を複数の日本企業に
打診したことに端を発する。設計業務を失注した原告の舞台設計
図が受注した被告に流出し、被告がそれをコピーして装置の設計
を行ったという事件である。

　このコピー行為が原告に発覚した経緯は判決文では分からない
が、完成した舞台装置を見れば、被告が「これはもともと自分た
ちの設計だ」と気付くことは難しくなかっただろうと思われる。

　設計図のコピー自体は単発的な行為だとしても、被告が請負入
札で競争関係にあった原告の設計図を流用して直接的な利益を得
て、また、原告は自らの設計図から利益を得る機会を奪われたと
いう事情を考慮すれば、これを私的複製と見なすのは難しい。裁
判でも著作権侵害が認容されている。

---

＊1　東京地裁昭和48年（ワ）第2198号「舞台装置設計図事件」

# 個人事業者の
# 業務上のコピーは「私的」?

# 私的複製と位置付ける
# 余地が十分にある

個人事業者が行う業務上の複製は、私的複製だろうか。例えば喫茶店のマスターが新しいチラシを検討するための研究用に他店のチラシをダウンロードしたり、医者や弁護士が患者・顧客の相談を吟味するために医学書や法律書をコピーしたり、フリーライターが記事の執筆のために資料をコピーしたりするシチュエーションだ。これについて、法律は明確な答えを示していない。

私的複製についての条文は、私的領域における個人の自由を保障する重要な条文でありながら、どこまでが「個人的」なのかが明確でないという問題がある。**これは、現実に「個人的」な著作物の利用を著作権者が把握することはそもそも困難であり、かつ積極的に問題視されることもほとんどないため、裁判例やこれを通した学問上の議論が蓄積されていないことが原因である。**

歴史を紐解くと、1976年の文化庁審議会では「個人的な職業である医師、弁護士等がその職業上の必要のために行う複製は、その態様が個人的なものであるという点では私的使用のための複製といえる面を有するが、複製物が職業上の利用に供されるという点では必ずしも本条の趣旨に合致するものとは言い難いとする

考え方もある」と説明されている[1]。つまり「どっちともいえる」というわけで、まったく何の説明にもなっていない。

　しかし仕事で使われるとしても、**個人の裁量のもとで、閉鎖的、零細的に行われる複製であって、著作権者に特段の不利益を及ぼさなければ、こうした複製から著作権者の利益を保護する必要性よりも、個人が円滑に著作物から知識を享受し利用する自由を保護する必要性の方が高くなる。**十分、私的複製の範囲と考えられる。最終的に著作権者の許諾が必要な利用態様を採るのであれば、そのときに必要な権利処理を行うことで、著作権者の利益は十分に守られるといってよい。

　以上から、**個人事業者が業務上個人的に行う複製は私的複製といえるだろう。**また、仮にこのような些末な複製行為を狙い撃ちした著作権者の権利行使は、それ自体が権利の濫用として許されない可能性がある。

---

[1]　文化庁著作権審議会第4小委員会（複写複製関係）報告書 1976年9月

# 会社の端末にフリーソフトを
# インストールしていい？

# ほとんどの場合、
# 著作権上の問題はない

　有料の業務用ソフトウェアを購入して会社のパソコンにインストールするには、経費処理やインストール台数の管理などのために、会社に申告しなければならないことが多いだろう。

　しかし、ネット上から無料で入手できるフリーソフトであれば、従業員が個人の判断でダウンロードしてインストールするケースも多い。皆さんも、インターネットブラウザ、オンライン会議ツール、メッセンジャーアプリ、圧縮解凍ソフト、翻訳ソフトなどのお気に入りのツールを、業務効率化のために会社貸与のパソコンやスマホで利用しているのではないだろうか。こうした行為には、何か問題はあるだろうか。

　ほとんどの場合、著作権法上の問題はないだろう。フリーソフトといえども、制作者が著作権を有しており、ユーザーは利用規約の範囲で利用許諾を受けているに過ぎず、規約を遵守しなければならない。**しかしビジネス用途のフリーソフトのほとんどは、ユーザーが業務目的で利用することを制限していない。**それならば会社のパソコン等で利用することに問題はない。私的複製にあ

たるかどうかを悩む必要もないのである。また、無料で誰でも入手できる以上、有料ソフトのようにインストール台数などが制限されていることも稀である。

　もし、そのソフトの利用規約に「商用利用禁止」などの条件があれば注意が必要だ。ただし、その「商用利用」が何を意味するかを確認した方がよい。フリーソフトの禁止事項としてよく見られるのが、ユーザーがそのソフトウェア自体を再販売、再配布することだ。例えば「優良フリーソフトベスト10を配布します」といったまとめサイトを開設して、そのサイトにソフトウェア自体をアップロードする行為などが典型的だ。こうした行為を指して「商用利用」としている可能性もあり、**そうであれば、業務の過程で利用することは禁止対象ではない**。規約やFAQをよく読むか、それでも曖昧であれば制作者に問い合わせることをおすすめする。

　なお、フリーソフトをインストールすることについては、コンピューターウィルスやスパイウェア対策などのセキュリティ上の留意も怠らないようにしよう。会社によっては、そもそも社内規則によってフリーソフトの利用に制限がかけられており、技術的に従業員にはインストール権限が与えられていないこともある。

# Officeソフト収録のイラストは
# 自由に使える?

# 利用規約によるが、
# プレゼンでの利用は大体OK

　社内資料を作っていて、「文字ばかりで味気ないから、イラストや写真でも入れたい」と思うのはもっともだ。しかしこれを私的複製や引用と解釈できるケースは少なく、ネットで拾った画像を好き勝手に貼り付けるのはNGと考えるべきだ。一方、Officeソフトには、アイコンやストック画像などの素材が同梱されている。これらを使うのはどうだろう。

　◎や★のようなありふれた記号や図形、単純なピクトグラムの類であれば、そもそも創作性がなく著作権が発生しない。しかし、やや複雑なアイコンやストック写真の場合は、ソフトウェアの利用規約や利用条件に従って、利用可否を判断する必要がある。例えば、プレゼンテーションソフトウェアの代表格、MicrosoftのPowerPointの場合はどうか。アートワークを含め、使いこなしているビジネスパーソンは多いと思うが、きちんと利用条件を確認したことのある人はどれほどいるだろうか。

　Microsoftサポートのウェブページによれば、これらのアイコンやストック画像は、**MicrosoftのOfficeソフト内で使用する限**

り、ロイヤリティ不要で自由に利用することができると明示され
ている。他方、これらの画像をOfficeソフト外、すなわち他社の
グラフィックソフトなどに転用して商品や広告などに使用するこ
とは禁止されている*1。要するに、社内会議でも社外プレゼンで
も、PowerPointで作成した資料の中でこれらのアートワークを
使用し、公表することは問題ないというわけだ。**そもそもプレゼ
ンテーションソフトウェアなのだから、作った資料をプレゼンで
使えなければ意味がない。考えてみれば当然の措置ではあるのだ
が。**

　ネット上のフリー素材（➡ **041** ）や、有料のストックフォト
（➡ **042** ）などを活用する場合も同様だ。原則として提供元の
利用規約を確認して、その規約に従って使用可否を判断する必要
がある。

---

*1　Microsoftサポートウェブサイト "What am I allowed to use premium
　　creative content for?"「プレミアムクリエイティブコンテンツを使用
　　するには、どうすればよいですか？」（2023年6月時点）

# オンライン会議で著作物を「画面共有」できる?

# 参加者限定のオンライン会議なら問題なし

　テレワークや遠隔地にいる同僚や取引先との会議では、ZoomやTeamsなどのオンライン会議ツールを利用することが一般的になった。こうしたオンライン会議ツールに搭載されている基本的な機能のひとつに「画面共有」がある。自身のパソコン上のファイルや、モニターディスプレイ上の表示画面を（ネット上のサーバにアップロードすることなく）オンライン会議上でそのまま投影することのできる機能である。

　しかし、その共有資料が他人の著作物だった場合にはどうなるだろうか。結論からいえば、一般的なオンライン会議であれば、他人の著作物を画面共有することに著作権上の問題はない。アップロードによるデータ複製を伴わない画面共有は、複製権に抵触しないからだ。

　一方、ネットを通して著作物を送信している以上、公衆送信権の問題が生じそうである。しかし**一般的なオンライン会議であれば、参加者は限られた部署のメンバーや、決まった取引先の社員など、特定少数であることが考えられ、その場合の受信者は著作権法上の「公衆」にはあたらない。**実質的には、数人で集まって

同じモニターディスプレイの画面を眺めているのと同じこと（なお、この場合も上映権に抵触しない）であり、著作権の及ばない利用方法なのである。

　したがって業務上の資料共有はおろか、オンライン会議で画面共有機能を使って映画鑑賞をしたり、BGMにヒット曲を流しても問題ない。また、**これがオンライン会議ではなく、オンライン飲み会であっても同様だ**。ちなみに、不特定者が出入りするバーや居酒屋で映画や音楽を流すことには著作権のクリアランスが必要だ。オンライン飲み会ではそれが不要というのは不思議な気もするが、自宅に決まった仲間が集まって、お酒を飲みながら映画や音楽を流しているとの同じと思えば妥当である。

　ただし、その会議の参加者が特定的であっても「多数」に上る場合は「公衆」になり、公衆送信権に基づく著作権者の許諾が必要だ。どこからが「多数」になるかは、その集まりの性質や参加者の人的つながりの程度、著作権者への影響の程度などによってケース・バイ・ケースだが、複数の部署の全員が集まるような大会議であれば配慮があった方がよいだろう。もちろん、オンラインイベントのような不特定多数から参加を募る集まりの場合も「公衆」だ。

## 011 外部研修資料の共有は どこまでOK?

# 原則はNGだがシチュエーションによっては許容も

　自分が業務で受講した研修資料を、親切心から「参考までに」と社内共有することは、どこまで許されるのだろうか。

　研修資料は一般的に著作物であり、無断で複製することは著作権侵害になる。**社内共有をしたいのであれば資料原本の回覧に留める（→005）か、複製をするなら研修講師や研修会社に許諾を得る必要がある。これが原則だ。**

　ただし踏み込んで考えてみると、シチュエーションによっては適法な複製といえる場合もあるだろう。例えば、**若手社員が受講した研修について上司に報告するために研修資料をメール添付したり、上司が部下の業務の参考のためにスキャンデータを共有するといったシチュエーション**であれば、共有規模や共有行為の社会的必要性、著作権者に与える不利益の程度の低さからして、私的複製と同一視し得る。

　部署全体で共有するような場合はどうだろうか。ビジネス研修資料の場合、部内程度の範囲での社内共有であれば、暗黙の了解（黙示の許諾）の範囲と考える余地はあるかもしれない。例えば

リスクマネジメントに関する研修であれば、部内の共有知としての活用が前提になっていることもある。

　市販の書籍や新聞などと異なり、同じものを市場で購入できないから、著作権者の経済的利益を直ちに害するわけでもない。**業務上必要かつ常識といえる程度の部内での共有であれば、問題にはなりにくいのではなかろうか。**

　ただし、共有範囲が著作権者の「暗黙の了解」を逸脱すれば問題となる。「コピー禁止」などの明示的な指示があればもちろんのこと、研修の性質から同僚や部内への共有が想定されていないと考えられる資料（例えば個人のスキルアップのための研修資料）であれば、複製は控えた方がよいだろう。

# 外部研修講師の資料を手直しして使っていい?

# 無断ではNG。ただし部分的流用は問題ない場合も

　昨年、外部の人事コンサルタントを講師に招いて実施したハラスメント防止研修の評判が大変よかった。ぜひ今年も……と計画していたのだが、会社の業績悪化により講師を招くことを断念せざるを得なかった。だが手元には、昨年の研修資料がある。この資料をコピーして、今年は自前の研修として実施しようと思うのだが、問題だろうか。さすがに丸々流用するのはダメだとしても、手直しをすれば大丈夫だろうか。

　これは典型的な著作権侵害であり、著作権者に与える損害も大きい。それなりの報酬で提供されている研修資料を、勝手にコピーして別の研修に流用されては講師の丸損である。

　手直しすれば大丈夫、ということもない。一口に手直しといってもいろいろだが、例えば、資料の文章はそのままに、レイアウトをいじったり、あるいは語尾の「です・ます」を「だ・である」に直す程度の、つまり**元の研修資料の本質的な特徴がそのまま再現されるレベルの手直しでは、なおも複製の範囲と見なされる。何の免罪符にもならない。**

　それでは、もう少し大胆に直したらどうだろうか。昨年の研修資料は、「ある自動車部品工場で起きたパワハラ事件」という架空の事例を使ったケーススタディだった。それを、例えば「ある製菓工場で起きたパワハラ事件」と直せば、かなり雰囲気の異なる資料になるのではないか。

　やはりダメである。**舞台を変え、登場人物を変え、そのことによって雰囲気が変わったとしても、研修資料の骨子、展開、ストーリーラインが同じであれば著作権侵害は免れない**。この場合、複製とはいえなくなっているとしても、作品を無断で別設定に翻案し、また内容を改変していると評価し得るため、翻案権や同一性保持権*1の侵害になる。

　ただし部分的な流用であれば許容される場合もある。すなわち、その人事コンサルタントの著作権が発生しない箇所については許可なく複製できる。**例えばハラスメント防止に関する法律条文や、行政資料を抜粋して転載したページは、当然コンサルタントの著作物ではない**。また、**パワハラの一般的な類型を単に箇条書きにしただけのようなページには創作性がなく、著作権が発生しない**。このようなページであれば流用して構わない。これ以外の、元の作者が独自に創作した箇所の表現や、全体的なストーリーラインについては流用できない。参考にすることは構わないが、しかしあくまで参考にとどめて、基本的には自分の頭で考えて資料を作成しよう。

---

*1　著作者人格権のひとつで、自分の著作物について意に反した改変等を受けない権利（著作権法第20条）。**067** も参照。

他社の利用規約や契約書を
自社用に流用していい?

# 修正を施しながらの流用
# なら問題ない場合が多い

　どこの会社も同業であれば似たようなことを書くが、自分で一から作ろうとすると多大な労力がかかる。それが利用規約や契約書だ。そこで同業他社の規約等を流用しようと考えるのは、ある意味自然な発想である。このことについて著作権上の問題はないのだろうか。

　一般的には利用規約や契約書も著作物であり、著作権で保護される。仮に無断ですべて丸写しすれば著作権の問題を生じるだろう。

　ただし繰り返しになるが、利用規約や契約書の表現は、同業ならどこの会社も基本的には似たり寄ったりである。似たサービスを提供し、似た利用条件を課し、それを顧客や取引先に正確かつ端的に示そうとすれば、自ずと表現は似たものにならざるを得ない。つまり**利用規約等には、作者の独創性や個性が表れにくいという性質があるのだ。**このような著作物は、保護を受けられる範囲が狭い。つまり**丸写しではなく、少しでも表現が異なっていれば、権利侵害の成立しない別著作物と評価され得る。**

　そもそも同業とはいえ、他社とまったく同じ内容では、自社の
サービスや商品の利用規約としてはミスマッチだ。**流用するにし
ても、普通は自社の事業や事情と照らし合わせながら修正を施す
はずである。そうした通常の修正プロセスを経れば、自ずと著作
権侵害を回避できることが大半だろう。**

　加えて、誰が書いても同一表現になるような一般条項や、契約
書としての一般的な言い回しに関しては創作性がなく、著作権で
保護されない。秘密保持条項、反社会勢力排除条項、裁判管轄地
条項など、ほぼ定型句で構成される条項も多く、このあたりはそ
のまま流用しても問題はないだろう。

　ただし利用規約の類でも、中には作成者の独創性や個性が強く
表れたものもある（例えば、通常お堅い表現の利用規約を、誰に
でも読みやすいように独自の工夫が施されているなど）。そこに
惹かれて流用しようとするならば、著作権侵害の可能性が出てく
る。あくまで普遍的、書式的な部分の流用に留めることが肝要
だ。また、業界団体や法律事務所などが、そうした書式を丸ごと
流用可能なものとして公表していることもある。確認してみよ
う。

# 014 クラウドストレージを業務で使っていい?

# 部課単位以上は微妙だが
# 個人利用はOK

　Googleドライブ、OneDrive、Dropbox、Boxなどに代表されるクラウドストレージ（オンラインストレージ）サービスを利用する人は多いだろう。これにより、パソコンが故障したときのバックアップや、複数のパソコンやスマホからのアクセスが可能になったし、他人とのデータ共有も簡便になった。一方、他人の著作物をサーバ上に保管することの著作権法上の扱いは、長らくグレーであった。

　**しかし、利用者自身がバックアップや自己が所有する機器間共有のために個人的に保有するファイルを送受信するだけなら、私的複製にあたるため合法というのが現在の妥当な法解釈だ**。だが私的複製を拠り所にすると、企業活動における利用の適法性が怪しくなってくる。それでも**個々の従業員の判断で、上記同様の個人的な目的でクラウドストレージを利用するならば、たとえそれが会社内の行為であっても、私的複製の範囲内と言い得る**。例えば会社で使う資料をテレワーク用に自宅からでもアクセスできるよう、クラウドストレージで保管するための複製であれば著作権上の問題はないだろう。また、特定の従業員や取引先に向けた

ファイル共有程度も同様に考えるべきである。

　問題は、企業におけるクラウドストレージの利用目的は、個人的なバックアップや特定の個人間のファイル共有に留まらない場合があるということだ。著作権法上の「公衆」にあたる規模の特定多数の従業員に対し、広くアクセス権が設定されているクラウドストレージへの複製行為は、私的複製の範囲内とは言い難いし、公衆送信権にも抵触する。

　それでも取引先が作成した企画書や報告書などの一般的なビジネス文書であれば、社内共有が暗黙の了解になっている場合が少なくないだろうし、トラブルにはなりにくいと思われる。しかし、特に市販の論文や記事といった資料の複製物の取り扱いには注意した方がよいだろう。

　**解決の方向性として、社内クラウドストレージへのアクセス権を狭い範囲に設定することが考えられる**。例えば、部や課の単位といった特定少数者を対象としてアクセス権を設定すれば、公衆送信権の問題はなくなる。複製権については、複製の目的や程度等を踏まえて、私的複製といえるかどうかを検討することになろう。

　考えてみれば、業務上、従業員全員に共有しなければならないような他人の著作物は少ないはずだ。もし部署をまたいだ個別共有が必要な場合は、その相手に共有リンクを設定するか、メールで送信すれば足りるだろう。

　クラウドストレージは、今や業務インフラとして欠かせない便利なツールである。著作権にも一定の配慮をしながら、大いに活用したい。

# 会社の館内放送で
# BGMを流してもいい?

# 解説はややこしいが、
# 大半は無条件で流せる

　会社の館内放送でBGMを流す場合、著作権のクリアランスは
必要だろうか。結論からいえば、多くの場合不要だ。だがどのよ
うな条件で不要なのか、なぜ不要なのかの解説は少々ややこしい。

　音楽を特定多数の従業員（公衆）に向けて流すには、原則とし
て演奏権のクリアランスが必要だ（なお、市販のCD等を再生し
て流しても著作権法上は「演奏」に含まれる*1）。また同一構内
を超える範囲での送信には、公衆送信権のクリアランスも要る。

　一方、非営利目的・無報酬の演奏は、著作権者の許諾を受けな
くてもよいとする例外規定がある*2（ただし公衆送信は例外規定
の対象外）。**始業等を知らせるチャイムであれば、単に時間が来
たことを知らせる目的でしかなく、非営利目的と考えられる。**一
方、執務室や工場などでのBGM利用は、社員の士気向上や保養
という生産性に寄与する間接的な営利目的があるため、例外規定
の対象外との見解もある。

　しかし、もし社内BGMが公衆送信や間接的営利目的にあたる
場合でも、実態として無条件での利用が許されている。日本では
音楽作品の多くがJASRACかNexToneに管理されており、彼ら

の定める規定に基づいて運用されているが、その規定において**「事務所・工場等での主として従業員のみを対象としたBGM利用」は、「当分の間」料金免除とされているのだ**[*3]。実質的に、JASRACとNexToneの管理楽曲はクリアランス無しで社内BGMとして利用できるというわけだ。

　ところで実務上、日本の企業内で最も流される音楽とは、始業時の「ラジオ体操」ではないだろうか。実は最もメジャーな「ラジオ体操第一」（作曲・服部正）は、JASRACもNexToneも著作権を管理していない[*4]。つまり両団体の規定に基づき「使用料免除」とはならないのだ。

　「ちょっと待ってよ。うちの工場、毎朝『ラジオ体操第一』やってるよ！」という方、安心してほしい。同曲はもともとラジオ体操が旧郵政省の保険行政の一環として行われていた経緯から、現在は日本郵政グループのかんぽ生命保険が著作権を管理している。そして同社は**「職場において従業員の健康増進を目的として始業前や昼休みなどに使用する場合」**について、**申請不要で利用できるとしているのだ**[*5]。

　以上の経緯と検討により、事業所内のBGM利用は、大半がクリアランス不要といえるのである。

---

*1　著作権法第2条7項
*2　著作権法上第38条1項
*3　JASRAC使用料規定（令和5年2月10日届出版）第12節備考③、NexTone使用料規定（2023年1月30日届出版）第22条2項（2）
*4　なお「ラジオ体操第二」（作曲・團伊玖磨）は放送権を除いてJASRAC管理（放送権はかんぽ生命保険とNHKの管理）。「みんなの体操」（作曲・佐橋俊彦）はJASRAC管理。
*5　かんぽ生命保険「ラジオ体操・みんなの体操 楽曲等の使用について」（2023年6月時点）

# 016

# 公共機関では著作物の無断利用が許される?

# 許される場合がある。
# 自由利用の範囲を押さえよう

　一般企業では、著作権の尊重は当然のことだが、役所、学校、病院などにおいては、その公共性から著作物の多少の無断利用は許容されるという雰囲気がある。これは正しいだろうか。

　ある程度は正しい。著作権法は、公共の利益と著作権者の利益のバランスを図り、一定の公共機関においては公益のために著作物の自由利用を許している。ただその自由範囲にも限度がある。**自由に著作物を利用できる範囲を知らなければ損だし、一方で無制限の自由だと誤解するのも危険である。**

　公務員には「立法・行政目的のための内部資料として必要限度の複製」が原則許されている[*1]。例えば省庁や役所で法改正や行政サービス検討のために文献をコピーしたり、警察が捜査の一環で資料をコピーするのは問題ないと保証されているのだ。ただし広報誌やウェブサイトなどは「内部資料」ではないので原則通りである。

　学校その他の教育機関における著作物の利用も自由が大きい。**授業の過程における利用に役立てることを目的とする複製・公衆送信は原則として可能である**（ただし公衆送信には原則補償金の

支払いが必要）＊2。この「学校その他の教育機関」には私立学校、幼稚園、保育所、学童保育、専門学校、大学、職業訓練所、生涯学習センターなどの公的な社会教育施設なども含まれ、民間の塾や予備校、カルチャーセンターなどは含まれない。

　また、ここでいう「授業」には、**座学だけでなく、運動会、文化祭、修学旅行、卒業式などの学校行事、学級活動、ホームルーム、部活動なども含まれる。運動会のパネルにキャラクターのイラストを描いたり、修学旅行で地図の一部をコピーすることも、行事遂行の一環であれば問題ないのだ**。いわゆる典型的な授業のイメージよりも適用範囲が広いことは知っておいた方がよいだろう。一方、PTA活動や学校説明会、教師の管理下にないサークル活動などは授業ではないため対象外。**校舎の装飾、学校のホームページも対象外である**。また授業であっても、著作権者の利益を不当に害する場合（例えば市販の学習ドリルを全部コピーするなど、正規品の販売機会を奪うような場合）は除外されている。

　最後に、**非営利目的・無料・無報酬による上演・演奏・上映・口述も自由である**＊3。公民館などでの絵本の読み聞かせや映画上映、病院や老人ホームにおける入院患者や入居者のためのレクリエーションとしての演奏会や映画上映などは、該当するケースが多いだろう。

---

＊1　著作権法第42条
＊2　著作権法第35条、著作物の教育利用に関する関係者フォーラム「改正著作権法第35条運用指針」（2020年12月）
＊3　著作権法第38条1項。なお福祉、医療、教育機関におけるJASRAC、NexTone管理楽曲のBGM利用は、営利目的であっても、両団体の利用料規定上、当面利用料免除。

# 偶然の一致は著作権侵害にあらず

　実務において、自分の制作物が「たまたま過去の誰かの作品に似ていないか」と不安になることは多い。制作後に似た作品を検索して「先にやられていた」と思い、公開を諦めることもあるだろう。しかし、オリジナリティ追求のためならばよいが、「著作権トラブルにならないか」という不安に突き動かされた行動ならば、考え直すべきである。

　偶然の一致（類似）は、既存の著作物をコピーしたことにはならず、著作権侵害にならない（著作権法上の「複製」「翻案」の要件を満たさない）。過去の著作物はそれこそ無限にあり、偶然の一致を怖がっていたら創作などできない。

　他人の著作物に接し、それを自己の作品に用いるプロセスを「依拠」という。これは著作権侵害の可能性を検討するうえでの前提であるが、この依拠があったかどうかは、基本的に権利の主張者側が立証しなければならない。

　キャッチコピー、ロゴマーク、マスコットキャラ、CMジングル、四コマ漫画、俳句など、短くてシンプルな表現形式の制作物においては、偶然の一致や類似は不可避といっていい。短さやシンプルさという制約により表現の選択の幅が小さいからだ。

　パッと見て「似ている」という一点からクレームが来ることはあるが、「依拠があったと証明せよ」「偶然の一致が当然に起こり得る表現だ」の2点で突き崩すことが可能である。偶然の一致を敬遠して、誰ともカブらなそうな表現を模索するあまり、複雑で難解、分かりにくい、質の低い制作物をつくるのは本末転倒である。

# 第 2 章

# 参考、流用、引用……
# どこまで許される?
# 企画業務と著作権

ゼロから物事を生み出すことは難しい。だ
から企画開発業務には、他人の著作物の利
用は欠かせない。参考にしたり、商品に取
り入れたり、解析したり……。そんなとき、
著作権とはどのように向き合えばよいのだ
ろうか。

## 業務上ネットでの
## 情報収集は問題ない?

# ネット情報の
# 収集・分析はほぼ自由

　最新のトレンド、消費者の嗜好、競合他社の動向、海外の情勢……あらゆる情報はまずネットで収集し、業務の肥やしにしているという方は多いだろう。こうしたネットを活用した情報収集に、著作権はどのように関わるのだろうか。

　**常識的な態様で、ネット上の情報を収集することについて著作権上の問題はほとんどない。**まずウェブサイトの閲覧は、読書やテレビの視聴同様に何の問題もない。厳密にいえば、一度ウェブサイトを閲覧すると、再アクセス時の読み込みを効率化するためにウェブサイトのデータファイルがパソコンのハードディスクに一時的に保存される（キャッシュ、インターネット一時ファイル）。これは形式的には複製にあたるが、ブラウザの仕様なのでいかんともしがたい。著作権法も、こうしたコンピューター処理を適法と整理している[*1]。

　あとから読めるようにブラウザにブックマークすることも問題はない。URLを記録しているだけであって、ウェブサイトのコンテンツのコピーを伴わないからだ。

　マウスの右クリックやスマホ画面の長押しで画像をハードディスクに保存したり、ウェブサイトを丸ごとPDF化して保存したり、プリントアウトして紙で保存することはどうだろうか。これらは業務上の行為だとしても、一般的な情報収集のために留めるのであれば私的複製の範囲と解釈すべきであり、問題ないだろう。

　さらに踏み込んで、自ら、あるいはマーケティングリサーチ会社などを起用して、自社や競合他社についてのネット上にある大量の口コミ投稿を収集し、分析することはどうか。膨大な投稿者からいちいち許諾を得るのは不可能といってよく、同時に、マーケティング目的の情報解析のためにネット投稿を収集されたとしても、投稿者の利益を害すとは考えにくい。**このように純粋な情報解析のための著作物利用は、著作権法上、適法と整理されている**[2]。

　こうしてみると、ネット上からの様々な情報収集・保存・解析は、著作権上の懸念なくできることが多い。ネットからの情報収集で注意すべき規制は、著作権を侵害しているサイト等から、それが侵害サイト等だと知りながら敢えてダウンロードを行うと、私的複製であっても権利侵害になるということである[3]。しかし、基本的に明らかな海賊版サイトの利用が対象であり、会社でアクセスするシチュエーションはまずないだろう。

---

＊1　著作権法第47条の4
＊2　著作権法第30条の4の2号
＊3　著作権法第30条1項3号、4号

# 図書館館内でのコピーは
# 「著作物の半分まで」OK

　ネット上の情報は速報性に優れているが、情報量の多さ、深さ、アーカイブ性においては書籍に軍配が上がる。トレンドを読んで新企画のきっかけを探すならネット、具体的に業務の参考にするなら書籍、という使い分けをしているビジネスパーソンは多いはずだ。

　とはいえ、なかなかすべての書籍を購入するわけにもいかないから、図書館を活用する場面も多いだろう。では、図書館から借りた書籍や雑誌のコピーはどこまで許されるのか。

　まず、業務ではあるが私的複製の範囲内と考える場合、借りた書籍等のコピーは原則として自由である。しかし市販本を一冊買わなくて済むことは、著作権者への不利益に直結する。業務目的で書籍や雑誌をコピーすることが私的複製の範囲に収まるかどうかは、一定の配慮をもって考えたいところだ。

　**一方、図書館内におけるコピーについては、私的複製にあたるかどうかを悩む必要なく一定程度自由に行うことができる。**図書館は、利用者の調査研究のために著作物の半分まで（雑誌などの

定期刊行物掲載の個々の記事については、次号の発行後か、刊行から3ヶ月経てば全部）なら、コピーして利用者に提供することができるとされている[*1]。**この「調査研究のため」という要件は、業務上の調査研究を除外していない。**

　注意すべきは「著作物の半分まで」という要件だ。書籍一冊の半分をコピーできれば十分だろうと思いきや、**「一冊の半分」ではなく「著作物の半分」なのがポイントである**。つまり、例えば100ページの論文集に収録された4ページの論文なら、その4ページが独立した著作物なので、その内の2ページまでしかコピーが許されないというわけだ。コピーを欲する側からすれば不自由だが、著作権者の利益保護のためにそうなっている。

　ちなみに「事典の一項目」「俳句一句」も独立した一個の著作物なので、その一項目、一句の半分しか本来コピーできないことになっていた。しかし、あまりにも図書館利用者にとって不便だったため、図書館団体と権利者団体の協議により2006年に緩和され、現在は同一紙面内の著作物であれば、全部複製が実質的に許容されることになった。ただし楽譜、地図、写真集、画集などは今でも「一枚の半分」しかコピーさせてもらえない[*2]。

---

[*1]　著作権法第31条1項1号、著作権法施行令第1条の4、図書館等公衆送信サービスに関する関係者協議会「図書館等における複製及び公衆送信ガイドライン」

[*2]　日本図書館協会、国公私立大学図書館協力委員会、全国公共図書館協議会「複製物の写り込みに関するガイドライン」

# 019

# 図書館資料のデジタルデータは活用できる?

# どんどん利用環境が
# 整っている。活用しよう

　図書館資料の活用方法といえば、借りて読むくらいしか思い浮かばない、という人は多い。しかし、国会図書館は著作権法上の一定の要件を満たす資料をウェブ上に公開しており、図書館利用者はそれを自分のパソコンやスマホから閲覧したり、プリントアウトすることができる*1。わざわざ図書館に出向かなくても所蔵資料を利用することが可能なので、調べ物をするうえでかなり便利である。

　ただし、これができるのは国会図書館だけで、利用者は同館に利用者情報の登録手続きをしたうえで、「国立国会図書館デジタルコレクション」のサイトにアクセスする必要がある。また、同サイトに掲載できるのは、同館において電子化された所蔵資料のうち絶版などの理由により一般に入手することが困難な資料で、かつ3ヶ月以内に復刊などの予定がされていない資料に限られている（漫画など当面除外扱いのものもある）。そして実際には国会図書館における資料デジタル化作業や資料の刊行状況の確認作業を経るため、すべての絶版資料が利用できるというわけではない。

　それでも、**一般書籍や専門誌など数百万点の資料がネット上で閲覧でき、これからも増え続けることのインパクトは大きい**。ベストセラー本はさておき、大抵の書籍は絶版から20年後には中古での入手も難しくなる。先人の知見や研究成果を、これからの商品やサービスの開発のために参照しやすくなることの意義は大きい。

　さらに、適正に管理業務を行える体制を整えた**特定の公共・大学図書館に限られるが、申し込みをすれば、所蔵資料のコピーをメールやFAXなどで受信することができる**[2]。「対象を絶版資料に限る」との制限もない。つまり、現に市販されている書籍や雑誌であっても、電子データとしてコピーを入手することが可能なのだ。

　ただし著作権者への補償金の支払いが条件とされており、その金額は、書籍の場合「本体価格÷総頁数×10」が頁単価となり、総額が500円に満たない場合は最低500円である。これにコピー代などの実費・手数料が加算される[3]。割高に感じるむきもあるだろうが、最寄りの図書館で対応可能かどうか、問い合わせてみよう。

---

[1]　著作権法第31条8項、9項
[2]　著作権法第31条2〜5項
[3]　SARLIB「図書館等公衆送信補償金規程」（令和5年3月29日）

# 020

# ネット検索で見つけた画像は利用できる？

# 適法に使いこなすには
# ネットリテラシーが必要だ

コストや時間をかけずにイメージに合う画像を利用したい。

そんなときに頼りたくなるのがGoogleなどの検索サイトが提供する画像検索サービスだ。なんでもキーワードを打ち込めば、それに対応するネット上の画像がヒットし、簡単にコピペすることができる。気軽に利用しがちだが、私的複製の範囲を超えて転載すれば著作権侵害になってしまう。

うっかり自社の商品や広告にまで転載する者もおり、それが発覚して著作権トラブルや裁判沙汰にまで至る例も少なくない。**「フリー素材だと誤信していた」と言い訳されることが多いが、裁判所はこの言い訳を一切認めていない。**画像検索で見つけた画像を利用するなら、利用者にはそれが著作権で保護されているのか否かを確認する法的な義務がある、というのが司法の一般的な考えなのだ。

したがって、ヒットした画像の出典をろくに確認せずコピーするのはかなりリスクが高い。**少なくとも、検索結果ページから直接画像をダウンロードすることは止め、画像を一次頒布する元のウェブサイトを確認すべきだ。**サイトによっては、一定範囲での

利用を許諾していることもあるし、著作権消滅を表明するサイト
もある。なおGoogle画像検索は、画像のライセンス条件や可否
で検索結果を絞り込む検索オプションを備えている。こうした機
能を活用するのも一手だろう。

　しかし、素性の知れないサイト運営者がいくら「著作権フ
リー」や「ライセンス可」を表明していても、それが本当に信用
できるとは限らない。**掲載画像自体が無断転載で、本当の著作権
者が現れて著作権侵害を主張されるケースは少なくない**。サイト
の情報が信頼できるかどうかの確認は必須である。

　その確認の難しさを踏まえれば、**画像検索結果ページは、参考
情報としての活用に留めるのが一番ではないだろうか**。例えば
「ノアの方舟」と検索すれば、ノアの方舟を描いたさまざまなイ
ラストが表示される。これら複数のイラストを参照して、自分で
新たなイラストを描き起こすなら何の問題もない。

　特定のひとつのイラストを模写するのではなく、検索結果上の
さまざまなイラストを参考にするのがポイントである。そうする
ことによって、先行作品の恩恵を受け、かつ特定のイラストの著
作権を侵害せずに、独自の創作を成すことができるのである。

# 021

# 他人のデータ、グラフ、表を利用するときの注意点は?

# 公開情報は自由に利用できるが、非公開データに注意

　商品のパッケージやパンフレット、説明書、営業資料などに、他人の作成したデータやグラフ、表を使いたいときがあるだろう。科学雑誌などで公表された科学的データ、マスコミが作成した経済動向や世論調査の情報、マーケティングリサーチ会社などが作成したマーケットシェアや消費者意識調査の情報などである。これらを使用するときに、著作権上注意すべきことはあるだろうか。

　まず、データ（情報）自体に著作権はない。営業秘密情報や個人情報など、他の法律で保護される情報は別だが、公開データは原則として自由に利用することができる。例えば「過去30年分の為替相場」などは、自分ひとりではとても調べられない貴重な情報だが、単なる事実であり誰も独占できない。誰かが調べて一般に公開しているならば、それは自由に使ってよいのだ。**貴重なデータは貴重さゆえに保護されるかのような錯覚に陥りがちだが、データが貴重かどうかと著作権で保護されるかどうかは関係がない**。あくまで創作性があるかどうかがポイントである。

　逆にいえば、創作性のあるまとめ方、例えば情報を上手に可視化するために、デザインに工夫を凝らしてグラフ化したり、イラスト付きの図表にした場合は著作権で保護される。これらのデザインをそのままコピーすれば、グラフやイラストについて著作権侵害のおそれがある。もっとも回避策は簡単で、**デザインやイラストを排して、単なる棒グラフや円グラフ、シンプルな罫線表に作図し直せばよいのである。**

　一方で注意すべきは、データ提供者との取引によって提供を受けたデータの扱いだ。マーケティングリサーチ会社などが保有している非公開データを、対価を払って購入するシチュエーションが典型的だが、この際、提供条件としてデータの使用方法に制限が課せられていることがある。この**合意条件に反してデータを流用し、提供者に損害を与えれば賠償責任を負う場合がある。**また、このデータがいわゆるビッグデータの類であって、技術上または営業上の情報で、相当の労力をかけたデータ量が蓄積されており、アクセス制限がなされているといった条件を満たせば、「限定提供データ」*1として不正競争防止法上の保護対象となり、流用は差止請求等の対象にもなり得る。**自由に利用できるのは、基本的には公開データだと思っておいた方がよいだろう。**

---

＊1　不正競争防止法2条1項14号、7項。

# 022

# 退職した社員が作った
# 業務資料は流用していい?

## 職務著作なら問題なし。
## ただし嫌われないように

　分かりやすいプレゼン資料を作ることで評判だった、デキる先輩が転職してしまった。「あとは君に任せたから」と、仕事の引き継ぎを受けたものの、あのレベルの資料はとてもじゃないが一朝一夕には作れない。悩んでいるうちに、一人で臨まなければいけない取引先プレゼンの日が近づいてきてしまった。ええい、フォルダに残っていた先輩のプレゼン資料をコピーして、内容を少しだけ直してプレゼンしてしまえ！ ──そんなシチュエーションである。

　この場合、退職した先輩の許可を取るべきだろうか。お世話になった先輩なら、ひと声かけて了解を得るのがマナーだという話はあろう。しかし円満退職でない場合もあるだろうし、連絡先が不明ということもある。もし、先輩が会社と揉めて退職していたとしたら、「オレの資料を勝手に使いやがって！」と訴えられるかもしれない……。

　しかしこのような場合、原則として退職者の許諾は不要である。法人などの組織の従業員が業務の一環として創作した著作物

は、従業員のものではなく、その組織が原始的に著作者になる。**つまり実際に創作したのは従業員でも、会社に帰属する著作物という扱いになるのである。**これを「職務著作」という[*1]。

　したがって、残された従業員が会社の業務として（すなわち著作権者である会社の了解の元で）プレゼン資料を利用することに、著作権法上は何の問題もない。なお、通常の著作者は、自分の作品を無断で改変されないことや、作者としての氏名表示を求めることなどについての権利を持ち、これらを著作者人格権という。だが職務著作の場合、この著作者人格権も会社に帰属し、従業員には改変などを拒む権利はない。つまり**残された従業員が、退職者のプレゼン資料を最新版に改定するなどの改変行為も、担当者名を自分の名前に書き換えることも自由なのである。**

　さらに興味深いことに、同じ考え方によれば、退職した先輩のプレゼン資料のみならず、**今いる同僚が業務上制作したプレゼン資料や企画資料を黙って流用しても著作権法上の問題はないことになる。**同僚のボツになった企画を勝手にブラッシュアップして自分の企画として社内で通すことも著作権上セーフだ。それは同僚の著作物ではなく、あくまで会社の著作物だからである。もっとも、いつもそんなことをしていると社内で確実に嫌われるのでおすすめはしないが……。

---

*1　著作権法第15条

# 023

## 前職の自作資料を
## 転職先で流用できる？

# 職務著作ならアイデアの
# 流用に留めるのが吉

　職務著作の著作権は会社に帰属する。そのため、従業員が業務上作成した著作物について、退職者のものも含めて他の従業員が業務上利用することに問題はない。

　これが前項の結論だが、逆にいえば、職務著作の著作物の場合、いくらそれを自分ひとりで作成していたとしても、勤務先の業務と無関係に利用すれば会社の著作権を侵害するということだ。つまり職場で制作したプレゼン資料を、転職した先の企業で流用すれば著作権侵害になってしまう。副業先で利用したり、個人名義で学会発表するなどした場合も同様だ。なお、仮に営業秘密を含む資料を流用すれば不正競争防止法違反になることにも留意が必要だ。

　特にクリエイティブ系の企業においては、職務著作の流用によるトラブルや裁判例が少なくない。例えばゲーム会社やアニメ制作会社を退職したデザイナーが、転職先で前職の作品とよく似たゲームやキャラクターを発表すれば、競争関係にある元の企業としては不利益に直結し、看過できないだろう。

　一方、従業員が作成した著作物であっても、勤務先の許可なく利用できる場合もある。まず、**アイデアやノウハウなどの著作権で保護されない要素のみの流用に留めて、それを元に新たな著作物を作成すれば著作権侵害にはならない**。もともと自分の頭で生み出した著作物だ。コピーするのではなく、アイデアをもう一度一から形にすることは、そう難儀ではないだろう。

　なお、従業員の著作物が職務著作となるには著作権法上の要件がある[*1]。すなわち①会社の発意に基づき、②その会社の業務に従事する者が、③職務上作成し、④法人名義で公表すること（プログラムの著作物に限り法人名義公表を要さない）である。**これらをすべて満たさなければ、著作権は原則通り、創作者たる従業員に帰属する**。例えば、外部から個人的に依頼を受けて会社の管理監督を受けずに書いた論文（①を満たさない）、外部デザイナーが受託制作したイラスト（②を満たさない）、仕事をサボって描いた趣味のイラスト（③を満たさない）、会社名を出さずに従業員個人名で公表するセミナー資料（④を満たさない）などが該当する。また、従業員との契約や勤務規則で、本来職務著作となるものを従業員の著作物と定めることもできる。

　したがって、従業員が、会社で制作した著作物を転職先やプライベートで流用しようとするときには、それが上記の条件を満たすかどうかを確認し、職務著作には該当しないことを確認する必要があるということだ。

---

[*1]　著作権法第15条

# 024

# 自社の著作物なら
# 社員は自由に使える?

## 本当に「自社の著作物」か、確認するクセをつけよう

　例えば、会社のマスコットキャラクターをぬいぐるみにする、自社の出版物をもとに研修講座を企画する —— このように、自社の著作物を二次利用することについて、著作権上の制限はないのだろうか。

　従業員が業務上創作した著作物は、原則、職務著作として会社が著作者となる。したがって、退職者を含むどの従業員が創作した著作物であっても、会社がその著作物を流用することには問題はない。自分で自分の著作物を利用しているに過ぎないからだ。
　**問題は、人は自社の著作物を流用しようとするとき、それが果たして本当に「自社の著作物」か否かの確認をおろそかにしがちということである。**「自社で取り扱っている著作物」はあまねく「自社の著作物」だと錯覚するむきがあるが、そうとは限らない。一般的なメーカーや事業者であれば、自前で著作物を創作することの方が少ないのではないか。

　例えば、自社のマスコットキャラクターを創作したのは自社の

従業員ではなく、外部の広告代理店やデザイン会社であることが
多い。この場合、外部会社との間で何の取り決めもなければ、マ
スコットキャラクターは実際に制作した外部会社の職務著作であ
り「自社の著作物」ではない。出版社などが自社の出版物をもと
に研修講座を企画する場合も同様で、通常はその出版物の著者が
著作者であり、自社の出版物ではあるとしても「自社の著作物」
ではない。自社から刊行しているからといって、好き勝手に二次
利用できるわけではないのだ。

　**このような著作物を二次利用できるかどうかは、著作権者との
契約にかかっている。**広告代理店が制作した自社のマスコット
キャラクターであれば、制作会社から正しく著作権の譲渡を受
け、著作者人格権の不行使の合意（→ **075** ）があって初めて
「自社の著作物」と同等の二次利用ができる。著者との出版契約
では、一般に著作権の譲渡はなされないから、契約上、二次利用
があらかじめ許諾されているかどうかがポイントになろう。

　ところが契約書がなかったり、書面はあっても合意内容が曖昧
だったり、二次利用を想定した取り決めになっていないことも少
なくない。**このような状況下で、著作権者に黙って勝手な解釈や
判断をしてはいけない。改めて著作権者と交渉して、二次利用の
可否や条件を交渉していくしかないだろう。**

# 025

# プレゼンで採用候補として 他人の著作物を使いたい

# 最終的に許諾を取るつもり なら、原則利用できる

　広告代理店の営業マンが歌う、ラップの替え歌を聴いたことはあるだろうか。「御社のお取り組みを消費者に分かりやすく伝えるための施策です」とその営業マンは、会議室でおもむろに90年代にヒットした某ジャパニーズ・ラップの替え歌を朗々と歌い出した。静まり返る会議室。「よく、分かりました」と企画部の課長は言った。しかし、結局その替え歌が、CMソングとして使われることはなかった……。

　世に替え歌CMソングは多いが、このように日の目を見なかったものもたくさんあるのである。無論、本番で採用されることになれば然るべき著作権処理がなされるだろう。しかし、こうした企画・プレゼン段階で著作権者の許諾を取っておく必要はあるのだろうか。

　**最終的に許諾を得る前提で、企画書やプレゼンなどの検討段階において他人の著作物を利用する場合、原則として、あらかじめ許諾を得ておく必要はない。**著作権法第30条の3は、「著作権者の許諾を得て〔…〕著作物を利用しようとする者は、これらの利

用についての検討の過程」で著作物を利用することができると明記している。

　「許諾を得て利用しようとする者」を対象としていることに注目されたい。つまり、**許諾を得る「つもり」があればよく**、実際に許諾を得る段階になって断られたとしても検討段階での利用行為が権利侵害になることもないし、また、自らの（あるいは顧客の）判断でボツにした場合でも適法であることには変わりないのだ。

　ただし注意点がある。本例のように「替え歌」での利用を検討する場合は事情が異なるのだ。替え歌すなわち著作物の改変には、著作者人格権（同一性保持権）のクリアランスが必要だが、この第30条の3は、著作者人格権については制限対象外である[1]。したがって、冒頭の広告代理店は、企画・プレゼン段階で早くも原著作者に「あなたのヒット曲を替え歌するCMを検討していて、クライアントに提案したいのですが」と、本来は許諾を得なければならない。

　これが現実に即しているかについては議論があるかもしれない。しかし、一般的に、著作物の改変について許諾を得るのはハードルが高い。いざ採用となったときに、権利処理でつまずかないよう、早い段階で権利者サイドにひと声かけることには意味があるだろう。

---

[1]　著作権法第50条

# 026

## フォントを商用利用するには許諾が必要？

# フォントの独占は困難。
# 利用規約に注意を払えばよい

　フォント（書体、タイプフェイス）には著作権がない。これが原則である。フォント事業者（フォントベンダー）には著作権を主張する者もいるが、最高裁はフォントが著作物といえる条件として、①従来のフォントに比して顕著な特徴、独創性を備えること、②フォント自体が美術鑑賞の対象となり得る美的特性を備えることという、極めて高いハードルを課している[*1]。**印刷物、テロップ、パッケージ等で見られるデザインフォントやロゴタイプも含めて著作権が認められることは稀であり、実際に多くの裁判例で否定されている。**

　フォント制作には視認性や統一感を出すための創意工夫がなされているため、この判例に不満を抱くフォントベンダーは少なくない。しかし**仮にフォントに著作権を認めると、文字を使ったあらゆる著作物の利用行為の度にフォントの著作権を気にしなくてはならなくなる。**これは著作物の流通に大きな混乱をもたらし、著作権法の目的である文化の発展をかえって阻害することになる。著作権を容易に認めないことこそが社会にとって最適である、という総体的な考え方から導き出された判断といえる。

では有償販売のデザインフォントでも使い放題なのだろうか。**若干の注意を要するのは利用規約である**。デザインフォントは、多くの場合ソフトウェアとして販売されている。ソフトをインストールすることで、フォントがパソコンの文字コード情報と結合され、文書作成ソフトやグラフィックソフトで使用できるようになるのだ。そのソフトウェアの利用規約において、フォントの商用利用に一定の制限が課せられていることがある。規約への同意に反する利用は規約違反ということにはなる。

もっとも、ソフトウェアやこれに含まれるフォントデータ自体ではなく、**ソフトを用いてユーザーが生成した成果物（文書やロゴ）にまで利用制限を及ぼす規約は、マイクロソフトがMicrosoft Wordで作った文書をチラシに使うなと言うようなもので、その有効性には疑問がある**。また、仮に規約が有効だとしても、その有効性はあくまで規約に同意した当事者間のみにしか及ばない。例えば規約に同意したデザイン会社が制作したロゴを、クライアント企業がフォントベンダーの規約範囲外に流用することについては、原則として拘束力を持たない。さらに、既存のデザインフォントを参考に別のフォントを創れば、当然規約の効力は及ばない。

実務上、代表的なフォントベンダーは、顧客のフォント利用にさほど厳しい制約を設けてはおらず（例えば大手のモリサワは、ほぼすべての商用利用を許容している）、規約に従って利用することが穏当とはいえるだろう。

---

\*1　最高裁第一小法廷平成10年（受）332号「ゴナU書体事件」

# 027

# AIに描かせたイラストは
# 商品に使って大丈夫?

# 既存作品に類似するイラストの
# 生成リスクをどう捉えるか

　AIが生成するイラストには、プロのそれと比べても遜色ない完成度のものも少なくない。しかも簡単な操作で生成できるのだから、コストをかけずに商品等にイラストを使いたいときに重宝しそうだ。

　AIイラストの生成手法には大きく分けて二種類ある。①ユーザー自身が手本となるイラストや写真を読み込ませ、これに基づく新たなイラストを生成するもの（Meituなど）と、②「猫がケーキを作っているアニメ風のイラストを描いて」といった、テキストや音声情報による指示に基づきイラストを自動生成するもの（Stable Diffusionなど）だ。

　①の場合、ユーザーが他人の作品を利用している場合は、よほど原著作物の特徴が失われていない限り、原著作物の二次的著作物である。翻案権や同一性保持権を侵害する可能性が高く、**他人の作品を読み込む形での利用は控えるべきだろう**。

　②の場合、ユーザー自身は他人の作品の利用を意図していなくとも、他人の作品を機械学習したAIが、それと似たイラストを自律的に生成してしまう可能性がある。この場合、ユーザーによ

る生成イラストの利用行為は著作権侵害になるのだろうか。

　本書執筆時現在は裁判例もなく、将来的な法整備の可能性もあるが、**元の作品を知らないユーザーによる利用行為なら、ユーザーの元の作品に対する「依拠」（➡48頁）がないといえるため、合法（著作権侵害ではない）と考えるべきではないだろうか。**

　一方、下請けのデザイナーが著作権を侵害したイラストを描いて、そうとは知らずにクライアント企業が採用したのと同じこと（これは通常、著作権侵害として扱われている）と思えば、侵害にあたるという見方もできる。もっとも、下請けの行為は注意喚起や指導で侵害を防止できるが、AIの行為は監督することはできず、予防のしようがない。仮に著作権侵害にあたるとしても、ユーザーには故意・過失がないとして、利用差止はともかく損害賠償の責任はないと考えるべきである。

　もし、意図せず他人の作品と類似するAI生成イラストを採用してしまうこと自体をリスクと捉え、これを極小化したいのであれば、**①のタイプのシステムにおいて、自分自身で描いた下描きなどを読み込ませ、それに基づくイラストを生成することが考えられる。**自己の著作物に基づく二次著作物を生成するなら、生成過程で他人の作品が混ざらなければ（絶対混ざらない保証もないが……）、著作権侵害を生じない。

　なお別の観点として、AIシステムの利用規約上、生成物の商用利用が許容されているかどうかも検討ポイントになるだろう。

# 028

# AIの生成したイラストや文章が無断利用されたら?

# 「AIにお任せ」だと保護されない可能性がある

　AIで自動生成したイラストや文章を商品や広告等に使用し、それが第三者に無断で利用された場合、果たしてそれを著作権侵害として止めることはできるだろうか。

　通常、著作物を無断利用されたら、権利行使によって差し止めや損害賠償などを請求することができる。しかしAI生成著作物の場合、それは著作権で保護されるのかという問題がある。

　これも将来的な法整備や司法判断の蓄積が求められる問題だが、現状では、**ユーザーの「単純」な指示に基づいてAIが生成した著作物に著作権は生じないと考えるのが妥当といえる**。著作物というには、その作品に人間の「思想又は感情が創作的に表現されている」必要があり、**機械や動物が自律的に生成した「著作物風」の作品は著作権では保護されないと整理されている**からだ。

　ただし、著作物の生成過程においてユーザーの思想又は感情が十分に介在していれば、ユーザーの著作権が発生する可能性はある。例えばAIへの指示自体が創作性のあるシナリオになっていたり、AIが生成した著作物に創作性を伴う修正や調整を施した

り、AI生成イラストをいくつも組み合わせることでひとつの創作性のある作品を作るような場合である。ただ、**ここまでくるとアーティストがAIの手を借りて自分の作品をつくるようなシチュエーションであり、企業がコストをかけずに手軽にイラストなどを採用したいというケースでは、AI生成著作物が著作権で保護されるレベルまで至りにくいのではないか。**

　一方、「既存のイラストや文章を読み込ませてこれに基づく新たな著作物を生成する」タイプのシステムの場合はどうか。**ユーザー自身が描いた下描きや草稿を読み込ませるのであれば、AI生成著作物において原著作物の特徴が失われていない限り、少なくとも自身の著作物の二次的著作物である。**この場合、ユーザーは生成著作物にも著作権を有する。すなわち第三者に無断使用された場合には著作権侵害を問うことができるのである。

　前項と併せて考えると、自身の未完成の著作物を読み込ませることで、それに基づく洗練された著作物を自動生成してくれるAIシステムであれば、他人の作品に類似した作品が生成される可能性は低く、また生成著作物の無断利用にも対抗できるため、活用に適しているといえそうだ。

# 029

# どこまで似ていたら
# 著作権侵害になる?

# 「本質的な特徴」が再現され
# ているか否かがポイント

　この基準が周知されれば、世の著作権トラブルはだいぶ減るのではないか。**実はひと言で説明できる。後発の著作物に、先行著作物の「表現上の本質的な特徴を直接感得できるか否か」が基準である。**これが感得できる場合に、両著作物は類似し、著作権を侵害するのである。

　問題は、ある著作物の「表現上の本質的な特徴」がどこなのか、後発著作物からそれを「直接感得」することができるのかを見極めることの難しさだ。これは個々の著作物の内容や性質を踏まえて検討するしかない。本項では重要な考え方だけを示そう。

　よく「**アイデアは著作権で保護されない**」といわれる。アイデアは具現化されなければ「表現」ではないから、いくらそれが共通していたとしても「<u>表現</u>上の本質的な特徴を直接感得」させることにはならないからだ。また、「**ありふれた表現は著作権で保護されない**」ともいわれる。ありふれた表現は表現ではあるとしても本質的ではない（作者の個性が発揮されていない）から、いくらそこが共通していたとしても「表現上の<u>本質的な特徴</u>を直接

感得」させることにはならないからだ。

　**表現ではないものや、非本質的な箇所が共通していたとしても著作権侵害にはならないのである。しかしこのことは、感覚的な「似ている」とはギャップがある。**なぜなら、抽象的なイメージや雰囲気が共通していれば、人は「似ている」と思うからだ。**しかし、いくらそうした要素から「元ネタ」が分かるとしても、表現上の本質的な特徴を直接感得させなければ問題ない。**

　しばしば、漫画の二次創作同人誌は著作権侵害だとか、キャラクターを模したお弁当（キャラ弁）は著作権侵害などという言説があるが、必ずしも正しくない。元ネタの表現上の本質的特徴を捉え、忠実に再現すれば侵害だが、同人誌作家の表現の個性が強ければ、二次創作ではなく「別著作物」となり得る。食材でキャラクターを再現するキャラ弁では、元ネタの表現上の本質的な特徴を再現することはむしろ困難ではないか。イラストの構図トレースなども同様の考え方で権利侵害を否定できる場合が少なくない。明らかに元ネタが分かるのに著作権侵害が否定された裁判例も存在する[*1]。

　実務において実施の可否を判断するとき、著作権の理屈でいうところの「類似」を基準にするか、一般的感覚における「類似」を基準にするかは、それぞれの判断だ。ただし後者は結局感覚頼りなので、客観的、統一的な基準はない。トラブル防止のために後者を意識することは必要だが、いざトラブルになったときには法的な基準を知っておかないと、適切な措置を取れないだろう。

---

＊1　例えば知財高裁平成17年（ネ）10023号「七人の侍事件」。やや傍論ながら知財高裁令和2年（ネ）10018号「同人誌アップロード事件」。

# 030

# キャラクターをケーキやネイルに描くサービスは大丈夫?

# 問題視する著作権者は多いが、侵害にならない場合も

　誕生日ケーキに、チョコやクリームで子どもが好きなキャラクターの絵を描く。爪にネイルアートとして好きなキャラクターの絵を描く。これらが個人的、家庭内の行為なら私的複製であり、著作権上の問題はない。しかし、サービス業としてこうしたイラストケーキ、イラストネイルを提供する場合はどうか。

　これらの事業は、多くの場合、顧客の個別の求めに応じたオーダーメイドの1点ものとしての提供に限られるし、ケーキやネイルアートはすぐに消費されなくなるものだ。加えて、こうしたサービスを行うケーキ店やネイルサロンには個人事業者や中小企業が多いので、私的複製に準じる印象を持たれがちである。「そんなに目くじら立てんでも」という見方もあるだろう。

　しかし厳密に考えれば、**これは事業者が直接事業利益をあげるために行う複製であって、私的複製と見なすのは無理がある。実際、こうしたサービスを問題視する著作権者もおり、悪質なものは警告や摘発に至った例もある。**公式のキャラクターケーキなどもあるため、市場で競合するという事情もあるのだろう。安易な

利用にはリスクがある。

　もっとも、**さらに厳密に考えれば、すべてのイラストケーキや イラストネイルが著作権侵害になるとは限らない**。チョコやク リームでケーキに描くイラストや、小さな爪に描くイラストで は、キャラクターの具体的な表現上の特徴を再現できない場合が あるだろう。その場合、そもそも複製や翻案にはあたらないから である。

　著作権侵害が成立するには、後発作品に、原作品の「表現上の 本質的な特徴を直接感得」できることが要件である。**抽象的なイ メージや雰囲気、ありふれた表現部分が似ていたとしても、それ だけでは著作権侵害にはならないのだ**。また、人間や動物をモ チーフに一般的なディフォルメや擬人化の手法で描かれたキャラ クターは、ありふれた表現による構成要素が大きいため、そもそ も著作権の保護範囲はさほど広くないこともある。

　したがって、例えば元のイラストをプリント転写するなどし て、忠実、緻密に描く場合は著作権侵害になる[*1]が、イラスト を参考にチョコのデコレーションペンなどで描くような場合は、 キャラクターの知名度や雰囲気から「あのキャラクターだ」と分 かったとしても、著作権侵害にはならないケースが実は少なくな いだろう。リスクは自覚しつつ、こうした考え方を知っておくこ とも重要だ。

---

＊1　2021年に東京で『鬼滅の刃』のキャラクターケーキが著作権法違反に より摘発されたことがあったが、この手法による忠実な模写であった。

# 031

「引用」を使いこなしたい

# 引用目的、主従関係、節度。この３つを押さえよう

著作権法第32条1項「公表された著作物は、引用して利用することができる」。**他人の著作物を利用しようとするときにこれほど便利な条文はないが、誤解も多い。**まず、引用できるのは文章やせいぜい画像くらいだと思うむきがあるが、あらゆる著作物が対象である。また、引用するにも許諾が要ると考えられて「無断引用禁止」などと謳われることもあるがまったくの誤解である（→ 097 ）。無許諾で引用できるというのが32条の趣旨であって、「無断引用」という言葉は矛盾である。

問題は、「許される引用」とはどのような態様のことを指すかである。これについて、条文では①「公正な慣行に合致するもの」かつ②「報道、批評、研究その他の引用の目的上正当な範囲内で行われるもの」でなければならないとしている。

より重要なのは②である。まず「報道、批評、研究、その他」の引用する目的が必要だ。つまり**単に他人の著作物を利用することが目的になっていてはダメで、他に何か成したいことがあり、それを果たす目的で他人の著作物を利用しなければならない。**例

えば、「面白い犬の動画を発見！」とコメントを添えて他人の動画を掲載するのは引用ではない。明らかに動画を見せること自体が目的になっているからである。

　一方、「犬には鏡に映った自分を仲間だと考える習性がある。この動画はその証拠だ」とコメントを添えて同じ動画を掲載する場合、引用該当性は高まる。**自説の主張があり、その論拠の提示という目的を果たすために動画を利用しているといえるからだ。**ただし、その「目的上正当な範囲内」での利用でなければならない。コメントの分量や文脈などと比較して、客観的、結果的に動画を見せることがメインになっていればダメである。元の動画が1時間のテレビ番組なら、1時間分を丸々載せる必要はない。あるいは動画でなく画面キャプチャでも十分かもしれない。**主従関係において、引用対象物が「従」に留まることは「正当範囲内」要件を考えるうえで必須条件といえる。**

　また①「公正な慣行に合致」は、引用対象物が明瞭に区別できること、出所表示があること、著作権者への不利益が過大でないことなどの要素を総合的に考える。**非常に単純にいえば"節度"があればよい。**客観的に、どこまでが作者本人の文章で、どこからが引用された文章なのか分からない。引用元を明かさない。必要以上の精度や大きさでイラストを引用して挿し絵にしか見えない——といった節度を欠くやり方はNGだ。一方で、単に「その引用の仕方は前例がない」「引用された側が嫌がっている」というだけでは、公正な慣行に合致しないとはいえない。

　**引用の目的をきちんと説明できること、主従関係、節度。**この3つを押さえておけば、引用による他人の著作物利用は怖くなくなるだろう。

# 032

## 商品や広告で「引用」は認められる?

# 商用目的の引用は
# 十分成立する

　引用といえば、論文やブログ記事といった著作物の中で、他人の文章を引き合いに出したり、画像を掲載するという態様が一般的である。では、営業や販売、広告といったビジネスシーンでの引用は成立するのだろうか。

　前項で示した引用の要件を満たしさえすれば、十分に成立する。例えば企画書や営業資料などのビジネス文書であれば、**そこには「企画の市場性を伝える」「競合商品と比べた自社商品の優位性を伝える」という主旨があり、その目的を果たすために、マーケットトレンドを伝える新聞記事やSNSの書き込み、競合他社の広告などを引用する**ことは成立するだろう。
　一般商品なら他人の著作物を引用したいシチュエーションは限定的だろうが、出版物はもちろん、映画、ゲーム、音楽などコンテンツ分野では引用の活用場面が少なくない。映画などの劇中劇における他人の著作物の利用や、音楽のサンプリングなどでは著作権者の許諾を受ける商慣習もあるが、引用として整理できる余地もあり得るだろう。

　広告においてはどうか。例えば健康食品などの広告において原材料の働きや安全性について説明する中で、専門家の論文の一節を掲載する。映画の広告において評論家の映画評を掲載する。これらは引用として整理できる可能性がある。**「商品の有用性や魅力を伝える」という主旨があり、その目的を果たすための著作物の利用だからである。**

　ただ、主従関係や節度の面で、引用を成立させるのはそれなりに難しい場合がある。例えば映画のポスターに先ほどの評論家の映画評を掲載するシチュエーションでは、広告に占める映画評の価値が高過ぎると、評論部分がポスターの主要素になってしまい、引用にはなり難い。インパクトが重視される一枚絵のポスターや、15秒のCMなどで他人の著作物を引用するのは難易度が高いといえそうだ。

　一方、**記事広告やパンフレットの文章、インフォマーシャル（通販番組）など、長尺でじっくり商品の魅力を伝えるタイプの広告においては、引用は成立させやすいといえる。**広告自体を主として、引用対象部分を従（添え物）に位置付けやすいからである。例えば10分間の動画広告において広告出演者が映画の魅力をたくさん語る中で、「映画評論家の○○さんはこの映画を評して『××××』とおっしゃいました」などと添えることは引用であろう。

# 033

# 切れたはずの著作権が
# 復活することはある?

# 「いったん切れた著作権は
# 復活しない」原則がある

　現在、日本の著作権保護期間は原則として著作者の死後70年
である。正確な計算方法は、著作者の死亡した日の属する年の翌
年から起算して70年*¹。つまり、例えば1972年4月16日に亡く
なった作家・川端康成の著作権は、その翌年1973年1月1日から
起算して70年、すなわち2042年12月31日まで存続する。

　ところで著作権の保護期間は未来永劫不変ではない。死後70
年になったのは2018年12月30日施行の改正著作権法によるもの
で、それまでは死後50年だった。さらに1971年1月1日の改正著
作権法施行日までは死後30年だった。この他にも、1997年に写
真の著作物の著作権保護期間がそれまでの公表後50年から著作
者の死後50年(現在は70年)に、2004年に映画の著作物の著作
権保護期間がそれまでの公表後50年から公表後70年に改正され
ている。

　こう書くと非常にややこしいし、今後の法改正によっては、今
まで著作権が切れていると思っていた著作物が、保護期間の延長
により急に利用できなくなるのでは?　と不安になるむきがある
ようだ。しかし、これだけ覚えておけば大丈夫である。

　すなわち、**いったん消滅した著作権は、法改正で保護期間が延長されても復活しない。法改正による延長日時点で既に切れている著作権は切れたままなのだ。**

　例えば1965年没の江戸川乱歩の著作権が切れるのは、没翌年から70年後の2035年末ではない。没翌年から50年後にあたる2015年末で切れている。2015年末時点の著作権法による保護期間が死後50年だったからである。前述の通り2018年施行の改正法で死後70年となったが、乱歩の著作権は復活しない。つまり、**著作者の没翌年から30年、50年、70年後の法定保護期間を順番に確認すればよいのだ。**

　**いったん消滅したはずの著作権が復活することがあるとしたら、著作者の没年が実は間違っていたか、著作者自体が間違っていて本当の著作者が別にいたことが発覚したときである**（復活というより「本当は消滅していなかった」ということだが）。1937年没で、日本では1998年に著作権消滅*2 したはずの米国の作曲家ジョージ・ガーシュウィンの楽曲のうち数百曲が、実は1983年まで生きた兄との共作だったことが2021年に認定され、JASRACは2022年から管理を再開している（消滅扱いだった時期の利用について、米国の著作権管理団体との合意により利用料の遡及徴収は行われていない）。しかし、極めて稀なシチュエーションといえよう。

---

*1　著作権法第51条2項、第57条
*2　ジョージの死後50年後は1987年末だが、太平洋戦争後のサンフランシスコ平和条約に基づく特例法により、連合国民（米国民）である同氏の日本における著作権は3794日延長されている（戦時加算）。

# 034

## 歴史的に貴重な絵画は
## 勝手に使っていい?

# 著作権が切れているなら
# 大丈夫。問題は入手方法

「モナ・リザ」や「鳥獣戯画」など、歴史的に貴重な大昔の絵画を商用利用する際は、所有者や管理者の許諾が必要と思われている節がある。しかし「モナ・リザ」の作者レオナルド・ダ・ヴィンチは1519年没、「鳥獣戯画」の作者といわれる鳥羽僧正は1140年没である。遥か昔に著作権が消滅していることは明らかだ。**許諾は不要である。**

こうした誤解が根強くあるのは、名画に歴史的な価値があるからであり、また博物館や寺院、コレクターなどの原画所有者がときどき権利を主張している事実があるからだろう。

しかしながら、**歴史的価値があることと法的に独占権が認められるかどうかは直接関係しない。**著作権法は、著作権者に一定の範囲で独占的な権利を与える反面、国民の経済活動や文化的活動の自由を過度に制約することのないよう、その保護範囲の限界を明確にしている。著作権が消滅している作品の利用行為について、**所有者がいつまでも独占権を主張するのは、むしろ著作権法の趣旨に反し、国民の経済活動の自由を不当に奪う行為なのである。**

　原画所有者は、許諾を欲する根拠として原画の所有権を持ち出すことがあるが、所有権と著作権はまったく異なる権利であり、**原画そのものではなくその複製物の利用に所有権が及ぶことはない**。

　ただし実務上は、所有者の許諾を得ずして原画の複製物をどこから手に入れるかという問題がある。もちろん著作権が切れている以上、ネットなどから適当に画像を拾ってきても構わないが、商用利用に耐えられるほどの高画質の素材が入手できるとは限らない。

　頼りになるのは、メトロポリタン美術館、シカゴ美術館、大英図書館といった懐の深い大手の美術館や図書館だ。**著作権の切れた作品の画像を、高画質で大量にネット上で無料公開しているので確認してみよう**。また、ゲッティイメージズなどのストックフォト会社が、高画質画像を有料販売していることがある。著作権の切れた画像を有料で買うことには違和感を覚えなくもないが、画質にこだわるのであれば利用価値がある。

　現物を自分で撮影したい、隅から隅まで見て研究したい、箔をつけるために所有者の監修を受けたい……といったシチュエーションもあるだろう。そのような希望がある場合に限って、所有者に許諾を求めればよいのである。

# 035

# 偉人や有名人の名言・格言は自由に使っていい?

# 昔の偉人の言葉と
# 引用を使いこなそう

　名言・格言といっても定義が難しいが、偉人や有名人が残した、比較的短い文章からなる、後世の人々に教養や勇気、価値観の転換などの影響を与える含蓄のある言葉としよう。こうした名言等が商品のキャッチフレーズや広告などに使用されることがあるが、著作権上の問題はないのだろうか。

　まず、著作権が切れている過去の偉人等の名言等の利用には著作権上の問題はない。日本における著作権保護期間は原則として著作者の死後70年である（→ **033** ）。**これより前の時代の偉人・有名人の名言等は、日めくりカレンダーにしようが、広告コピーにしようが問題はない**（なお外国の偉人の名言でも、日本において利用する場合は日本の著作権保護期間に基づいて判断すればよい）。

　若干留意が必要なのは、名言をもじるなどの改変を施したり、ギャンブルや政治活動などセンシティブな広告に利用する場合だ。これらは著作者人格権にかかわり、権利自体は著作者の死亡と同時に消滅するものの、その後も著作者人格権の侵害となるべ

き行為が禁じられている。ただし、死後期間が経過すればするほどその制約は薄まるというのが通説であり、また、著作者の死後の人格的利益の侵害行為に対する差止請求権は孫までにしか認められていない[*1]。争われた事例もほぼ聞かれず、頭には入れておくべきだが、よほど遺族や国民感情に障るような使い方でなければ、気にし過ぎなくてもよいだろう。

　著作権保護期間内の、近現代の偉人等の名言等を利用する場合、原則として著作権に基づく許諾が必要だ。ただし創作性がなく、著作権が認められない名言等も少なくないだろう。例えば20世紀の宇宙飛行士、ユーリイ・ガガーリンの「地球は青かった」などは、極めて単純なうえに単なる事実の描写だ。一方、**短くとも深い含蓄があるがゆえに名言・格言として歴史に残っている場合は、創作性は認められやすいのではないだろうか。**

　また、**著作権のある名言等でも、商品説明やPR文章などに組み込むことで「引用」の体裁を整えれば合法に利用することができる。**例えば「スティーブ・ジョブズは余命宣告を受けたあと、『もし今日が人生最後の日なら、自分は何をするだろう？』と毎朝自分に問いかけたといいます。同じ立場になったとき、多くの人は、自分のために何をすべきかを考えると同時に、家族のために何をすべきかを考えるのではないでしょうか」といった導入で、生命保険などのPRを続けることは引用に該当し得るだろう。

---

[*1]　著作権法第60条、116条

# 036

# 商品や広告に
# 国旗のデザインを使っていい?

# 装飾としての利用は
# 基本的に問題ない

　商品や広告に、各国の国旗や国旗風デザインを採用したり、万国旗を店舗やイベントの装飾に使うことに問題はないだろうか。我が国には国旗に著作権がないことを明示する法規はない[*1]が、結論として著作権上の問題はないと考えられる。

　日本、フランス、ドイツなどの国旗のように極めて単純な図形や色の組み合わせのみからなるデザインの国旗には創作性がなく、そもそも著作権が発生しないと考えるべきだろう。世界には比較的複雑なデザインの国旗もあるが、著作権があるとしても、例えば米国やイギリスの国旗のように、現在のデザインと本質的に変わらない原型に数百年の歴史があれば保護期間は満了している。**このようにして考えれば、主要国の大半の国旗を使うことに著作権の問題はないと判断できる。**

　もっとも、歴史の浅い国旗もあり、著作権トラブルがないわけでもない。オーストラリア政府が正式な国旗と認定するアボリジニ民族旗は、デザイナーのハロルド・トーマスが著作権を保有しており、2022年に政府への譲渡交渉がまとまる[*2]までは自由に使えず、侵害問題も度々発生していた。米国の星条旗について

も、デザインに関与したとされるフランシス・ホプキンスが米国政府に補償を求めたという逸話が残っている。

　とはいえ、こうしたトラブルは極めて例外的だ。国旗として国に採択された以上、公的機関や国民によって常識の範囲で利用されることには承諾があったとみるべきで、**仮に著作権者がいたとしても、みだりに権利行使することは権利の濫用として排斥されるべきと考える**。

　著作権よりも注意すべき法律として不正競争防止法がある。本法では外国の国旗を商標として使用することを禁じている[3]。ただしあくまで「商標として」の使用、すなわちブランドマークのようにして使ったり、各国政府公認であると誤認させるような使い方を禁じるものだ。また、国旗の表示によって原産地等を誤認させるような場合も同法違反となる[4]。こうした使い方と受け取られないよう注意する必要はあるが、**単なるデザインや装飾として使用することには特段の制限はない**。

　なお、国旗はその国の威信や国民の名誉感情を象徴するものだ。ここまで述べたような法律上の制限にはあたらない場合でも、こうした威信や名誉感情への配慮が必要であることも添えておきたい。

---

[1]　「憲法その他の法令」に著作権の適用を否定する著作権法第13条を根拠に、法定（日本であれば「国旗及び国歌に関する法律」）の国旗は著作権の適用外とする説がある。しかし国旗のデザインが法令に掲載されているとしても、それは法令自体ではなく法令に掲載された別著作物というべきであり、該当しない。

[2]　オーストラリア政府広報 2022. 1. 25 "Free Use of Aboriginal Flag Secured for All Australians"

[3]　不正競争防止法第16条1項

[4]　不正競争防止法第2条1項20号

# 037

# 商品や広告に家紋のデザインを使っていい?

# 商標登録された家紋も、装飾や説明としての使用はOK

　我が国では一家にひとつは家紋があるとされ、そのバリエーションは数万件にのぼるといわれている。その中でも「三つ葉葵（徳川家）」、「竹に雀（伊達家）」、「左三つ巴（土方家）」といった統治者や有名人に使われた家紋は、その人物や所縁のある土地の関連商品などに使われることもあるが、家紋を商用利用することに何か制限はあるのだろうか。

　デザイン性が高い家紋は著作物だが、中世から使用されているような伝統家紋はとっくに著作権が消滅している。したがって、**有名どころの家紋のほとんどは著作権の制約なく利用可能である。**
　一方で家紋には、既存の家紋を組み合わせたり、要素の数を増やしたり反転させることによってバリエーションが増殖する特徴がある。このような「アレンジ家紋」についてはどうか。アレンジに創作性があれば、伝統家紋をモチーフにしていても著作権で保護される。しかし、紋という極めて限られたスペースの中で、伝統的要素の組み合わせ、数の追加、反転といったありふれたア

レンジを施すに留まる場合、新たな創作性の付与と評価できる
ケースは少ないと考えられる。片や家紋風にまったく新しいデザ
インを創作した「現代家紋」と呼ばれるものは、著作権で保護さ
れる場合が多いだろう。

　一方、有名な家紋は商標登録されていることがある。前述した
「三つ葉葵」は徳川ミュージアムの、「竹に雀」は伊達家伯記念會
の登録商標である。このような記念館や管理団体が、家紋の使用
に対し権利を主張するケースも聞かれる。また、住友グループ
（井桁紋）や島津製作所（丸に十字）など、家紋が由来の企業ロ
ゴを採用する企業も少なくなく、これらも商標登録されている。

　こうした家紋は使えないのではという不安がある。しかし商標
権は、権利範囲として指定された商品分野について「商標とし
て」使用されることにしか及ばない。すなわち、権利範囲の商品
についてブランドロゴのように使用することはできないが、**単な
るデザイン、装飾や、商品説明の一環としての使用であれば、た
とえ商用利用であっても商標権侵害にはならない。**

　例えば「戦国武将の家紋シリーズ」と銘打ち、家紋をモチーフ
にしたピンバッジやキーホルダーを販売する場合、その家紋は
「デザインとしての使用」と捉えるのが妥当である。また、徳川
家康の伝記や甲冑のレプリカに三つ葉葵をあしらう場合、それは
徳川家康に関する商品であることの「説明の一環としての使用」
である。このような使用方法であれば合法だ。一方で、徳川家と
は直接関係のない商品にロゴマークのようにして使用すれば、商
標権侵害のリスクがあるだろう。

# 038

# 新商品のネーミングは他社が商標登録済み。どうする？

# ライセンス交渉の前に商標権の取消を検討しよう

　発売予定の新商品名が、他社によって先に商標登録されていることがある。アップルの「iPhone」の商標は、日本ではインターホン大手のアイホン社の類似商標「アイホン」の商標登録が先にあったため、アップルは同社からライセンスを受けて使用することになったのは有名な話だ。その使用料は、最盛期で年間1億円だったとも囁かれる。もし同じ状況になったら、先行商標権者に多額の使用料を支払わなければならないのだろうか。実はそのようなケースはかなり稀である。

　まずはおとなしく別のネーミングを考えるのが、最も安上がりで合理的な方法だ。もっともiPhoneのように輸入品で、日本でだけネーミングを変えるわけにはいかない場合もあるだろう。

　その場合、**交渉より先に先行商標権を取り消すことを検討しよう**。過去3年以内に使用実績のない商標権は、請求により取り消すことができる[*1]。商標登録したはよいものの、販売終了などにより稼働していない「休眠商標」は数多い。**統計上、商標取消審判請求の成功率は約7〜8割にものぼる[*2]。商標権者に頭を下げて頼みに行く前に検討しなければ損である。**

　どうも使用されていそうだ、あるいは取消審判請求の結果が出るまで待てない（早くても3、4ヶ月かかる）場合は商標権者との交渉となる。もっともライセンスだけが選択肢ではない。商標権者が事実上問題視しなければ「商標権の不行使（商標併存）の同意」という手がある。**これは権利の貸与や移転を伴わないので、対価も発生しないことが多い**。また、商標権自体を買い取る手もある。この場合、1回の譲渡対価の支払いで済むのがメリットだ。

　ライセンスは、短期間の使用であれば権利譲渡よりも低廉な使用料で済むが、商標を使い続ける限りずっと使用料を支払わないといけないのがデメリットである。たまたまネーミングが被っていただけで商標権者とは無関係の商品なのに、**いつまでも使用料を支払うことに徐々に抵抗感や不満を抱くライセンシーは多い**。なお、使用料は年間数十万円程度がよく聞かれる額だ。

　年間1億円もの使用料は、超巨大企業の基幹事業に関する商標で、変更の余地がなく、発売日も決まっており、商標権者が商標を使用中で権利取消の余地もないという奇跡的な条件が揃ったことで実現したライセンス条件と考えるべきだろう。工夫次第で、商標クリアランスにはさまざまな切り口が考えられるのだ[3]。

---

＊1　商標法第50条

＊2　特許庁『特許行政年次報告書2022年版』（特許庁）p. 73

＊3　この他に、先行する商標権者から、その先行商標と類似する商標を併存して登録することに同意を得ることで、商標登録を目指すことも選択肢のひとつである（商標法第4条4項）。

# 039

©表示ってどう活用するの？

# 著作権の保有表明、無断利用の牽制として活用できる

　よく見かけるが、本当のところどのような意味があるのかあまり理解されていない。それが©表示である。どのように使えばよく、またどんなメリットがあるのだろうか。

　実は、©に法的な効果はほぼないと言ってよい。©は「Copyright」の略で、著作権の所有を示すために使われる。「© 第一発行年 著作権者名」（例：©2023 Subaru Tomori）の表示形式が通例で「マルシー表示」と呼ばれる。第一発行年が省略されることも多く、末尾に「All rights reserved.」が加えられることもある。しかしこの表示があることで著作権の所有が法的に認められるわけでも、**なければ著作権が認められないわけでもない。意義としては「誰々に著作権がありますよ」という表明、注意喚起程度のものであり、無断利用を牽制する効果が期待できる。**表示スペースや美観上の問題がなければ、ないよりはあった方がよい、といったところだ。

　厳密には、©表示は万国著作権条約に規定があり、これを正しく表示することで、条約加盟国のうち著作権を所有するために一

定の手続きが必要な国（方式主義国）においても、著作権が保護されるという法的効果がある。しかし現在では方式主義国自体がほぼないので、規定は有名無実化している。

　Ⓒ表示が表すのは「著作権者」であり、正確には「著作者」を表してはいないことには留意が必要だ。基本的には著作者＝著作権者だが、著作権は譲渡や相続などによって著作者から移転する。音楽業界では著作者が音楽出版社に著作権を譲渡する慣行があるため、歌詞カードや配信サイトをよく見ると、作曲者（著作者）表示は「米津玄師」や「あいみょん」でも、Ⓒ表示は「ⒸSony Music Artists」、「ⒸUniversal Music Publishing」など法人名になっていることが多い。

　逆にいえば、自社商品などにⒸ表示をつけるときに、何も考えずに自社名にしてしまうのは問題がある。その商品の著作権者は、本当は誰なのか（外部デザイナーやライセンサーではないか）をきちんと確認するクセをつけよう。

　また、利用者の立場では、Ⓒ表示はその作品について誰が著作権を保有しているかを知る手がかりになるため、著作権に関する問い合わせ窓口を探すときに役に立つだろう。ところが複数の会社が製作委員会を組成して著作権を持つアニメや映画などでは、製作委員会名義や、「Ⓒ○○応援団」といった架空の団体名を用いたⒸ表示もしばしば見られる。ここまで述べたように法的な意味はないので構わないのだが、客観的に誰だか分からないⒸ表示は利用者にとっては不親切であり、著作者表示としてはあまり意味がないようにも思える。

# 040

# ®マークやTMマークは どう活用するの?

# 商標であることの表明、 ブランドPRに活用できる

　©とよく似たマークに®マークがある。®にもまた、法的な効果はさほどない*1。商品名やブランドロゴの脇によくついているが、「Registered trademark」の略で、その名称や図形が商標登録されていることを示す。ただ©同様、これがなければ商標権の行使が認められないわけではない。**意義としては、登録商標であることの表明、アピールであり、無断使用に対する牽制効果が期待できる。**ブランドPRの一環として、ないよりはあった方が望ましい。一方、ブランドロゴに記号を付すとデザインを損ねると考えるむきもあり、高級感を謳う化粧品やラグジュアリーブランドなどでは、あえて使われないこともある。

　また、登録商標には「普通名称化」という問題がある。登録商標であっても、事実上誰もが当たり前に使う普通名称としての認識が世間に広まることで、商標権の効力が失われてしまう事象である（無断使用に対する権利行使が認められなくなる）。普通名称化の懸念がある商標のオーナーは、これを防止すべく登録商標であることの対外アピールを重視し、積極的に®を活用する傾向がある。例えば「セロテープ」「ウォシュレット」などは、普通

名称と思われることもある登録商標だが、オーナーのニチバンや
TOTOは商品や広告などに®を伴って表示し、普通名称化の防
止に努めている。

　注意を要するのは、本当は商標登録されていなかったり、権利
範囲外の商品に®を付すと「虚偽表示」として罰則の対象になる
ことだ[*2]。虚偽表示禁止の法規は諸外国でも見られるため、グ
ローバルで多角的にブランド展開するときには特に気になる。例
えば日本では登録商標でも中国では登録されていない場合、輸出
品の®が現地において虚偽表示になり得るのだ（ただし積極的に
登録商標と偽る意図でもない限り、摘発例はほぼ聞かれない）。
　**こうした懸念から、グローバルブランドや多角企業を中心に、
®ではなくTMマークを好んで使用するむきもある**。TMとはズ
バリ「Trade Mark」の略で、登録されているか否かに関わらず
「商標」との自任に基づき使用される。効果はやはり「これは商
標である」というアピールである。**TMには「登録」のニュアン
スがないため、虚偽表示を気にせずにブランドPRをしたいとき
には重宝される**。
　なお、®もTMも、商標の右側に上付か下付で表示されること
が多いが、表示位置や大きさは法律で決まっておらず任意であ
る。

---

＊1　米国においては、商標権者が®表示をせずに商標権侵害訴訟を提起し
　　た場合、侵害者がそれを登録商標であると認識する以前の使用からは
　　損害賠償を得られない（米国商標法第1111条）。
＊2　商標法第74条、第80条

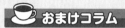 おまけコラム

# 出所表示の作法とは

　他人の作品を引用するときには、その出所を明示しなければならない。これは著作権法上の義務[*1]なのだが、表示方法までは法律には詳しく書かれていない。すると、実務ではこんな疑問が生じる。例えば、ニューヨーク近代美術館に所蔵されているパブロ・ピカソの絵画「アビニヨンの娘たち」を、書籍『近代世界美術全集7 ピカソと抽象絵画』からコピーして引用した場合、出所表示は次のうちどれであるべきか。

**A. ニューヨーク近代美術館所蔵「アビニヨンの娘たち」**

**B. パブロ・ピカソ「アビニヨンの娘たち」**

**C. 高階秀爾『近代世界美術全集7 ピカソと抽象絵画』**（社会思想社）
**1964年、169頁**

著作権法に照らした答えはBである。なぜなら、引用の際に出所表示が義務付けられている理由は、引用による著作物の無許諾利用をあらかじめ許す代わりに、そこで犠牲にされた著作権者ないし著作者の利益を埋め合わせるためだからである。所有者や二次媒体（原作品を掲載した書籍やウェブサイトなど）の利益を保護するためのものではない。このことから、出所表示で最も欠かせないのは「作者名」と「作品のタイトル」なのである。

　所有者名や、二次媒体名については、あくまで彼らに対する配慮や敬意、あるいは、読者など受け手に対するサービスの観点では、追加して記載した方がより丁寧ではあるものの、法律上は必須の情報ではない。

*1　著作権法第48条

# 第3章

# 目立ちたいが
# トラブルも困る!?
# 販促・広告業務と著作権

できるだけ顧客の目を惹き、目立つように、
自由に商品やサービスをPRしたい。それ
が商売人の願いだ。
そこに立ちはだかる著作権。どこまで使え
て、どこから使えないのか。どうすれば使
えるのか。
広く消費者の目にとまるがゆえに、正確に
把握しておかなければならない。

## 041 フリー素材を使いこなしたい

# すべては利用規約次第。
# 規約を熟読しよう

　ネット上には、イラストや写真などの画像データ、BGMなどの音源データを無料で提供してくれるウェブサイトがあり、そこで提供される素材は「フリー素材」と呼ばれる。手間やコストをかけずに手軽にイラストなどを使いたいときに重宝する存在だが、ビジネスで使ううえでは注意点が多い。

　「フリー素材」という呼称から、著作権フリー、すなわち著作権は放棄されておりどのような使い方をしようと自由だと思われがちだが、そうとは限らない。多くのフリー素材の著作権は放棄されておらず、配布元の管理者が定めた利用規約のもとで「一定の範囲で自由に使ってもよい」と許諾されているに過ぎない。したがって、**フリー素材を使うのであれば、利用規約を読解することは必須である。**

　特にビジネスで使う場合には、**「商用利用」が認められているかどうかがポイント**だ。趣味的な利用は許容していても、商用利用に対しては一定の利用制限や有償許諾を前提としているサイトは少なくない。

　一方、利用規約は言葉の定義が曖昧なこともしばしばある。**「商用利用禁止」が謳われていても、「商用利用」の定義付けがされていなければその境界線は不明瞭だ。**例えば社内の会議資料や研修資料は「商用利用」になるのだろうか。このような不明点がある場合、著作権が制作者にある以上は勝手な判断は避けるべきで、別途FAQページを確認したり、分からなければ運営者に問い合わせる必要があるだろう。

　例えば、フリーイラスト素材配布サイト大手の「いらすとや」は、「商用目的の場合、一つの作成物の中に20点までは無料で利用可能、それ以上は有償」と規定している。この文言だけでは「商用目的」の定義や範囲は曖昧である。しかし続けて「自社で作成するプレゼンのスライド」「商品のポップ」「自社で制作され社内のみで利用されるポスターやマニュアル」など、「制作物がその場限りの利用で直接利益を生むものでない」ものは「非商用と考えていただいて構いません」との補足説明も添えられている[1]。

　利用規約を読まずに、商品や広告に好き放題にイラストを使ってしまえば著作権侵害である。**一方、補足説明まで読まずに「商用目的で20点以上は使えない」との理解から、実は許容されているプレゼン資料や商品のポップにおいて20点以上の利用を控えてしまうのももったいない。**フリー素材を使いこなすカギは、利用規約をきちんと読み、その内容を正確に理解することなのだ。

---

[1]　いらすとや「よくあるご質問」（2023年6月時点）

# 042

# 有料素材、ストックフォトを購入すれば自由に使える？

# 利用規約と被写体の権利処理の有無に注意

　画像や写真素材はできれば無料で手に入れたいが、ビジネス利用に耐えられる品質を求めて、有料素材やストックフォトを購入するビジネスパーソンは少なくない。そして「お金を出して買った以上は、著作権のことはうるさく言われず、自由に利用できるはずだ」と思っている人も多いのではないだろうか。

　しかし、これは危うい誤解である。確かに、有料素材はフリー素材ほど商用利用に制約を課さない傾向はある。**だが、お金を出して買った画像といえども、著作権自体を購入するわけではない以上、好き勝手な利用はできず、やはり利用規約に従わなければならない。**

　多くの素材サイトの規約で見られる禁止事項として、例えば画像データ自体の販売（例：LINEスタンプとして販売）、印刷画像そのものの販売（例：ポストカードとして販売）、画像を自己の権利として登録すること（例：画像を用いて制作したロゴマークを商標登録）、政治利用、公序良俗に反する事業、画像の作者や被写体の名誉を損なう態様での利用などがある。複製数や利用

期間の制限、著作権表示の義務付け、トリミングを含む加工禁止などが謳われていることもある。素材サイトによっても異なるので、利用規約の読解は必須である。

　さらに注意が必要なのは、有料素材であるにもかかわらず、配布サイトが素材のすべての要素について許諾権限を持っているとは限らないということだ。有料素材サイトは、サイト運営者が各画像の著作権者すなわちイラストレーターや写真家などからあらかじめ著作物の利用許諾を得て運営されている。したがって、画像や写真そのものの権利関係は原則としてクリアである。**ところが、特に写真素材について、被写体の人物や建築物などに関する権利の確認やクリアランスがなされていないことがある**。ストックフォト業界用語で、被写体人物の利用同意は「モデルリリース」、建築物や商品など非人物モデルの利用同意は「プロパティリリース」と呼ばれ、実際に「この写真はモデルリリース未取得です」などの説明を見ることができる。

　**リリース未取得の素材を購入した場合、利用に際してモデルの肖像権などのクリアランス要否は自己責任で考えなければならない**（➡ 046 ）。場合によってはわざわざ購入した素材にもかかわらず、肖像利用料を追加で支払う羽目になったり、結局使えないことも十分あり得る。**一方、法的には承諾不要な利用態様にもかかわらず、「リリース未取得」の文言を気にするあまり、本来使えるものを「使えない」と判断してしまうこともある**（➡ 062 、063 ）。

　手軽で便利な有料素材、ストックフォトサービスだが、利用者には利用規約に対する読解力と法的センス、判断力が求められるのである。

# 043

# 素材配布サイトは
# どこまで信用できる？

# 大手でもトラブルはある。
# 不安なら補償サービスも検討

　無料、有料問わず、画像や写真などの素材配布サイトは数多く存在する。利用規約をしっかり確認しさえすれば、いかなるサイトからダウンロードした素材でも安心して使えると思ってよいのだろうか。

　身も蓋もないが、いくら利用規約に基づき利用していたとしても、素材配布サイトの素材をめぐって、第三者との間で権利侵害トラブルが生じるリスクをゼロにすることはできない。無料サイトの中には、必要な権利処理をせずに、第三者の著作権等がある素材を「フリー素材」と称して勝手に配布する悪質なものもある。**そしてユーザーがそのようなサイトの利用規約や「フリー」という言葉を信じて第三者の著作権等を侵害しても、何の免責にもならないのが現実だ。**あくまで「ユーザーの責任」において、第三者の権利を侵害しないよう十分に確認する義務があるというのが、司法の一般的立場である。

　ある出版社が、運営者不詳のフリー素材サイトから入手した女性の写真を風俗店の広告に利用し、当該女性から肖像権侵害で訴

えられた裁判例がある。当該サイトでは「商用利用可能なフリー画像〔…〕パブリックドメインになりますので無料にてお使いいただけます」などと謳われていたが、そのことは何の免罪符にもならず不法行為責任が認められている[1]。

　**こうしたリスクを極小化するためには、運営者の素性がよく分からないようなサイトを避け、ゲッティイメージズ、アマナイメージズ、PIXTA、いらすとやなど、実績や知名度からできるだけ信頼性の高い事業者を利用することを推奨したい。**

　もっとも、大手サイトにしてもいらすとやのように運営者本人が描いた著作物のみを扱うサイトを除けば、運営者自身が著作権者であることは少なく、カメラマンやイラストレーターなどの素材の著作権者から利用許諾を得て、その素材をユーザーに提供していることが多い。

　この場合、元の素材の「著作権者」が正当な権利者なのか、その素材が第三者の知的財産権を侵害していないかは、当人の申告を信じるしかなく、**一定の割合でエラーが生じることは防ぎようがない。他人の著作物を管理し、別の他人に利用許諾を出す事業においては宿命といえる。**音楽著作権管理の最大手であるJASRACですら「管理楽曲の作曲者が、実は本当の作曲者ではありませんでした」というトラブルがときどきある。

　大手サイト運営者の中には、利用規約を守って素材を利用するユーザーが知的財産権侵害トラブルに巻き込まれた場合、トラブル対応の代行や、生じた損害を補償する付帯サービスを提供する事業者もいる。そうしたサービスを利用するのも一考だろう。

---

＊1　東京地裁平成25年（ワ）16728号「女性写真掲載事件」

# 044

# 商品や広告に
# 有名人の氏名を使っていい?

# 企業が販促目的のみで
# 利用する場合は許諾が必要

　芸能人やスポーツ選手、インフルエンサーなどの氏名や肖像は、パブリシティ権（有名人の氏名や肖像に宿る顧客吸引力がもたらす経済的利益を、有名人本人が支配・管理できる権利）によって保護されており、これを侵害する形で利用することはできない。もっとも、いかなる場面や使い方においても使ってはいけないということもない。

　有名人は有名である以上、社会の正当な関心の対象となり、その社会的関心を満たすための評論や紹介などの表現行為において、氏名等が使用される必要性がある。有名人はそうした使われ方について、一定程度は受け入れなければならない。これがパブリシティ権の保護範囲を考える際の前提となる考え方だ。これにより、有名人を評する書籍や雑誌のタイトルや見出しに、有名人の氏名を使用することは原則として問題がない。つまり、基本的に有名人の氏名は使えるのであって、有名人の方がこれをある程度我慢しなければならないのだ。

　ただし、**企業などが、有名人の氏名等に宿る顧客吸引力を利用**

する目的のみにおいて、その氏名等を無断利用する場合にはパブリシティ権侵害となることが2012年の最高裁判決[1]で確認されている。この要件を満たす類型として、いわゆるタレントグッズの類や、広告への利用行為が挙げられている。

　また、パブリシティ権は有名人の氏名等そのものを保護する権利ではなく、そこに生じる顧客吸引力を管理するための権利であることから、たとえ氏名の一部を伏せ字などにしたとしても、その有名人だと特定できればパブリシティ権侵害になる。例えば、広告に「浜○美波さん推薦！」と勝手に書けば侵害だろう。一方で「あのハリウッドスターも愛用！」など、誰のことだか特定できなければ問題はない（無意味なうえに、かなり怪しいが……）。

　有名人がある商品を使う写真等をネットにアップしたとき、その商品のメーカーの公式SNSが「○○さんがうちの商品を使ってくれました！」などと反応するのはどうだろう。SNSで一回言及するくらいなら、それは事実の伝達という目的も認められる余地があり、パブリシティ権侵害にはあたらないと考えられる。しかし、いつまでも反復継続的に投稿したり、「○○さん愛用！」などと書いた販促物まで作れば、もはや顧客吸引力の利用のみが目的と評価せざるを得ず、侵害となるだろう。

　また、有名人がプライベートで自分のお店に来たことを「××さんご来店！」などとネットに書けば、事実の伝達であってもパブリシティ権以前にプライバシー権の侵害となり得る。「写真を撮ってお店に飾ってもいいですか？」「お店のSNSに載せてもいいですか？」などと、本人に丁寧に承諾を得るべきである。

---

[1]　最高裁第一小法廷平成21年（受）2056号「ピンク・レディーdeダイエット事件」

# 045

# 有名人の写真は使っていい?似顔絵は?

# パブリシティ権と著作権の両方に注意が必要

　有名人の写真や似顔絵を商品や広告に使うことは、氏名を使うこと以上に気をつけなければならない。有名人の肖像も氏名と同様にパブリシティ権の保護を受けることに加え、写真自体についての（カメラマンなどが保有する）著作権もあるからだ。公式サイトのプロフィール写真などから無断複製すれば、仮にパブリシティ権侵害にはならない使い方（例えば人物評のための出版物の表紙）であったとしても、著作権侵害は免れない。もちろん写真を無断で使ったうえに「○○さんご愛用」などと専ら販促目的で使えば、著作権侵害とパブリシティ権侵害のダブルアウトになる。

　パブリシティ権侵害にならない前提において、写真の著作権を保有するテレビ局やレコード会社などから著作権に基づく利用許諾を受けて利用する場合、重ねて被写体の有名人の許諾を受ける必要はない。また、報道や評論などの限られたシチュエーションになりそうだが、有名人の写真でも「引用」の態様であれば著作権者の許諾すらなしに利用することも可能ではある。

　似顔絵ならどうか。まずパブリシティ権に関しては、氏名と同様、その有名人だと特定できる程度の似顔絵である場合は、その有名人の顧客吸引力を無断利用するものとして、権利侵害となるだろう。**似顔絵だからといってパブリシティ権侵害の免罪符にはならないのだ。**

　一方、著作権については回避できる場合がある。公式プロフィール写真を忠実に模写・トレースした似顔絵は、原則写真の複製にあたり著作権を侵害してしまう。ただし一般的なプロフィール写真のように、ありふれたポーズをとった人物を、ほとんど角度をつけずに撮影した写真の場合、その創作性は焦点の当て方や陰影のつけ方などの細部に宿る。模写・トレースの過程でそうした細部までを再現せず、写真における創作性を省略した似顔絵を描くのであれば著作権侵害にはあたらない。ましてや、**特定の写真を参照せずに有名人の顔を思い浮かべて描いた似顔絵であれば、著作権の問題はない。**

　するとこう考えることはできる。**オリジナルで描き起こした、特定の有名人を指しているとはいえない程度にディフォルメされた「有名人っぽいイラスト」であれば著作権を侵害せず、また広告利用であってもパブリシティ権侵害にもあたらない。**もっとも、一見して誰のイラストだか分からないようでは、そのイラストによる広告効果は疑問かもしれないが……。

# 046

# ストックフォトのモデル写真は使い放題?

# 肖像権があり、モデルリリースの状況を要確認

　**042** で触れた通り、ストックフォト事業者から有料で購入した写真であっても、モデル人物の権利クリアランス（モデルリリース）がなされているとは限らない。モデルリリースがされていない、あるいはされているかどうか分からないサイトから購入した人物写真を利用すると、どのようなリスクがあるのだろうか。

　人は誰でもみだりに他人から写真を撮られたり、その写真を利用されない権利を有しており、これを肖像権という。有名人の場合、その動向は社会の正当な関心の対象になることから、肖像権は一定の制限を受ける（その代わりパブリシティ権による一定の保護が生じる **044**、**045**）が、無名人の肖像権は厚く保護される。ストックフォトモデルは、モデル事務所などに所属していることもあるが、一般的には無名であることが多く、肖像権は保護されやすいといえる。

　ところで、知人の写真を勝手にネットにアップしたり、商売に利用してもいいと考える人は少ないと思うが、ストックフォトモ

デルの写真ならよいと思われがちである。それは有償で写真デー
タを買ったという事実と、ストックフォトサイトに自身の写真を
提供している以上、購入者に写真を利用されることにはモデルも
同意済みであるはずとの先入観からくる誤解である。

　しかし写真データを買う（あるいは写真の著作権に基づく利用
許諾を得る）ことと、その写真に写ったモデルの肖像について利
用許諾を得ることは直接関係がない。確かに自らの意志でストッ
クフォトサイトに自身の写真を提供しているモデルは、写真購入
者に肖像を利用されることについて一定の予見を持っているとい
う側面はある。一方、ストックフォト業界において、写真の利用
許諾とは別に、モデルの同意によって肖像の利用が許諾される慣
行があることを踏まえると、モデルがストックフォトサイトに肖
像の掲載を許可している事実のみで、写真の購入者に対しても全
面的な肖像の利用許諾をしていると思い込むのは危うい。

　したがって、モデルの顔写真を利用したい場合は、ストック
フォト事業者がモデルリリースを保証している写真を選ぶべきだ
ろう。またモデルリリースにも細かい利用条件が付されているこ
ともあり、注意が必要だ。例えばギャンブル、病気、整形、性的
なコンセプトでの利用や、イメージカットの範囲を超えてモデル
が直接商品を推奨したり、従業員であるかのような演出を伴って
利用することが禁じられていることは少なくない。利用条件をき
ちんと確認しておこう。

　なお、肖像権を侵害せずにストックフォトモデルの写真を利用
できる場合もある。それは個人の容姿や姿態をはっきり判別でき
ない写真で、具体的には後ろ姿、手や脚などのパーツのアップ、
群衆写真などである。

## 047 流行語を商品のキャッチ フレーズに取り入れていい?

# 単に流行現象や事実を示す 使い方なら問題ない

　一口に「流行語」といってもその性質は多様である。社会現象や自然現象などを表す公共性の高い流行語もあれば、有名人の愛称やヒット商品名など特定人物や特定企業との結びつきの強い流行語もあり、法的リスクも異なる。

　ただ総じて、著作権侵害にはならないだろう。著作権で保護される著作物というには「思想又は感情を創作的に表現したもの」という条件がある。現象や事物を指す言葉そのものには、たとえそれが造語であっても思想や感情は表れない。スポーツ選手が感極まって発した言葉やドラマの決めゼリフなどには思想や感情は込められているが、流行語の常として表現が短く分かりやすい（ありふれている）ことが多く、創作的とは言い難い。

　気にすべきは商標権だ。流行語の類も商標登録されていることがあり、その場合一定の使用制限が課せられる。社会現象や自然現象のような公に帰属すべき流行語は、そもそも特定人の業務に関係する商品やサービスを指すものとして認識し得ず商標登録が認められない可能性が高い*1が、特定人との結びつきが強い流

行語には注意だ。ヒット商品の名称などは、流行語であると同時に特定企業の商標として認知されており、実際に大半は登録商標だろう。ギャグやスポーツ選手の愛称といった、本来商品等と無関係の流行語であっても発信元の関係者（芸人の所属事務所や選手の所属チームなど）が商標登録していることがあり、さらに社会現象等の流行語でも、流行前に誰かに商標登録されていることもある。

　その場合、その商標を商品名やサービス名として使用することは商標権侵害となる。ただし、その商標を見たときに特定人物や企業の関与する商品等だとは認識されない使い方、すなわち**単に流行現象や流行事実を示すに過ぎない使い方であれば、商標権の効力は及ばず、侵害にもならない**＊2。

　例えば、「断捨離」が商標登録されていたとしても、リサイクルショップの広告に「不用品を断捨離しちゃいましょう！」などの惹句として使うことに問題はない。なぜなら、それは流行語を使った「片付け・整理整頓しましょう」という呼びかけとしか捉えられず、**その表示によって、商品に特定人や特定企業が関与しているとの誤解を与える余地がないからだ。**

　つまり流行語をキャッチフレーズに使う際には、まず商標登録の有無を確認すること。そしてもし登録があったとしても、**使い方によって、特定人や特定企業の関与を誤解させる余地を排除すれば、法的な問題はない**ということだ。

---

＊1　商標法第3条1項6号
＊2　商標法第26条1項6号

# 048

# 他社の商品名は
# 勝手に出してはいけない？

# 事実や商品説明の一環
# としての使用なら問題ない

　普段は気にせず口に出すのに、ビジネスシーンでは急に不安になるのが広告などにおける他社の商品名の使用である。主に商標権を気にしてのことだろう。もちろん多くの商品名が商標登録されているので、商標権を侵害する形での使用は避ける必要がある。**しかし、商標権を侵害せずに他社の商品名を使用することは可能である。**

　そもそも自社商品においてむやみに他社の商品名を使うことはなく、使うとすればそれなりの必要性があるときだろう。他社商品に適合する付属品などを製造するメーカーが、適合商品を示すために商品名を表示することはそのひとつである。例えばスマホケースにおける「iPhone用」「for Galaxy」といった表示である。あるいは店舗の案内看板において、「マクドナルドさんの角を右に曲がった先が当店です」といったように、目印となる他社の店舗名を表示することもある。**こうした使い方は商標権侵害にあたらず、使用しても問題はない。**

　なぜならば、商標権侵害とは、登録商標をブランド表示として

使用することによって、その商品やサービスの出所の混同を引き起こすことだからである。つまり使用された商標を見て「この商品はiPhoneのメーカーが製造しているのかな」というような誤信をもたらすおそれがあるときに、初めて商標権が侵害されたといえるのである。

　スマホケースの「iPhone用」の表示は、「iPhoneのサイズや規格向けに適合した商品であることの説明」という意味であり、通常の表示態様であればそのように受け取るのが自然である。**iPhoneのメーカーが販売しているとか、公認商品であるといった誤信はもたらさない。**「マクドナルドさんの角を右に曲がった先が当店です」の看板も単なる場所の説明であり、**「当店」とマクドナルドが提携しているとか、営業上の関係があるとは誰も思わない。**こうした商標の合法的な使い方を、専門用語では「非商標的使用」や「記述的使用」という。

　ただし、例えばスマホケースであれば、「用」や「for」などを欠いて単に「iPhone」とだけ表示すれば、「iPhoneブランドのスマホケース」と誤認される可能性が高まるし、アップルのロゴマークを使ってしまえば公認商品と誤解する方が自然である。こうなると商標権侵害のリスクがある。

　**商品内容などを説明する都合上、他社の商品名（商標）を使用する場合は、それがあくまで説明記述（記述的使用）として理解されるように使えば合法。**単なる説明を超えて、その他社が商品に関与しているとの誤認をもたらし得る態様（商標的使用）で使えば、違法性を帯びる。そのように考えればよい。

# 049

# 他人の商標を
# 普通名称のように使うと問題?

# 配慮の問題であり、
# 法的問題はない

　広告や記事などで、単なる普通名称（一般名称）という認識で
何気なく使っていた言葉について「当社の登録商標なので使わな
いでください」などとクレームを受けることがある。しかし、本
当に使ってはいけないのだろうか。

　**登録商標を普通名称であるかのように使ってはいけないという
法はない**。それでも、少なくない商標権者が、商標を普通名称と
して使われるのを嫌気するのは、登録商標が普通名称化すると権
利の効力が失われるからである（→ 040 ）。そもそも普通名称
や一般的な品質表現を特定の会社に独占させることは不適当とさ
れ、商標登録はできない。登録対象の商品との関係で一定の独自
性（識別力）を有することが商標登録の要件である。

　ところが、言葉は生き物だ。もともとは独自性のある登録商標
でも、用例が変化することによって特定のブランド名（商標）と
いう認識が薄れ、普通名称化することがある。こうなると商標権
はあっても権利行使が認められず、権利は無意味化する。普通名
称化した言葉は、たとえ商標権者でも独占できないのである。ト

　ランポリン、タッパー、プリクラ、ボクササイズ、タバスコ、（整髪料についての）ムース……実はこれらはすべて登録商標だ。しかし、一応、各商標権者に配慮して名指しは避けるが、これらのうちいくつかはすでに普通名称化しているだろう。

　商標の普通名称化を防止するために、登録商標を普通名称であるかのように使うメディアや他社に対し使用中止の要求や抗議を行う商標権者がいるが、ここまで述べたように権利侵害でも違法でもない。**メディアが自然と普通名称であるかのように使ってしまうということは、それはもはや普通名称化が進行していることの現れであり、訂正が必要な間違いとも言い難い。**

　中にはあたかも商標権侵害であるかのような強い態度を取る権利者もいるのだが、お願いされるならまだしも抗議される筋合いはない。**商標権者への配慮として対応するとしても、ウェブならできる範囲で修正し、印刷物などなら「次から気をつけます」で十分ではないだろうか**。商標権者側も、もし商標の普通名称的使用を是正したいのであれば、高圧的に出るのではなく、丁重な態度で理解を求める姿勢を示すべきだ。


　ただし、普通名称化しきっていない登録商標を、説明文章などではなく、商品名やサービス名、ブランド名として使用すれば商標権侵害となる可能性がある。普通名称化の確信があれば非侵害を主張できるが、その進行度を客観的に判定するのは難しい場合もある。「タバスコをかけてお召し上がりください」の表現は問題なくても、「タバスコ」という商品名で香辛料を発売するのには商標権侵害のリスクがあるということだ。

## 050 他人が作成した地図を勝手に使ってはいけない？

# 無断利用はNG。国土地理院の地図は利用しやすい

　多くの企業が、自社の店舗や事業所の案内図などにおいて、地図情報を活用しているだろう。地図は自ら描き起こすと意外と手間がかかるため、地図帳や地図サイトから転載したい誘惑にかられがちである。これは許されるだろうか。

　原則として事実や情報そのものには著作権がないため、地形そのものを図面に落とし込んだ地図には著作権がないと考える人も少なくない。だがこれは誤解である。確かに航空写真や白地図など、著作権が発生しないと考えられる地図もあるが、**商用地図の多くは、地形や事実そのものの素材から必要な要素を取捨選択して、ユーザーが必要な情報を閲覧しやすいよう表現を工夫している**。創作性は十分にあるとみるべきだ。

　したがって、こうした地図を勝手にコピーすれば著作権侵害となる。**地図は利用価値が高く、また自由に利用できるとの誤解も多いことから無断利用がトラブルになりやすく、多くの裁判例がある**。一方、代表的な地図サイトや地図の出版社は、自社の地図情報を利用許諾する仕組みを有しているので、そうした公式の

サービスを利用しよう。例えばGoogleマップは、ウェブサイトやアプリ上での利用などが一定のガイドライン[1]のもとで許容されている。

　意外とおすすめなのが、国土地理院が提供する日本各地の地図情報の利用である。国土地理院の地図も著作権法や測量法により保護されているが、同院は**国民による地図情報の利用を促進する方針を採っており、かなりの場面における地図の利用を、出典明示のみを条件にあらかじめ明文で許容している**[2]。例えば地図帳、地図サイトなどの測量成果としての正確な地図をメインコンテンツとするもの以外の媒体、具体的にはパンフレット、書籍、博物館などの展示物、テレビ番組、CM、YouTube、ビジネス文書における地図の利用、またグッズにおけるデザインやイラストとしての利用などが対象である。さらに、国土地理院への利用申請が必要な場合でも、申請書への押印は不要、手数料も不要、審査期間は7～14日程度と、かなりユーザーフレンドリーな制度設計がなされている。

　実は以前の測量法は、利用者の目的を問わず地図の複製に際しては申請を必要とし、さらに営利目的での複製は認めていなかった。2008年施行の法改正によって規制緩和され、その後もガイドライン上の緩和が続いて現在の運用となっている。

---

＊1　Google「Googleマップ & Google Earthガイドライン」
＊2　国土地理院「国土地理院の測量成果の利用手続」「地図の利用手続パンフレット」

# 051

# 故人・歴史上の偉人を広告に利用していい?

# 基準はないが、没後期間が経過するほど低リスク

　著名で権威ある故人や歴史上の偉人の氏名や肖像は、広告に利用する価値がある。教材の広告にアインシュタインを使えば頭が良くなりそうだし、ボクシングジムにモハメド・アリを使えば強くなれそうだ。しかし、勝手に使っていいのだろうか。

　故人のパブリシティ権の保護については、我が国では法律上の規定もなければ裁判で争われた例もおそらくなく、法的基準がない。判例上、パブリシティ権は人格権に由来すると確認されており、これを理由に、人格権は相続できないから故人にパブリシティ権はないとする学説がある。一方で、人格権に由来するといっても財産的価値がある権利なので相続の対象になるとする学説もある。

　著名人が亡くなれば、その瞬間から広告に使い放題というのはしっくり来ない。一方、何世紀も前の歴史上の偉人を広告利用するのにいつまでも許諾が必要というのも違和感がある。**仮に故人のパブリシティ権が遺族などに相続されるとしても、時間が経てばその権利は弱まり、自由利用の余地が広がっていくと考えるべきである。**

　問題はそれが死後10年なのか50年なのか100年なのかということだ。確立した基準がないのが実際だが、ひとつ挙げるなら、孫の存命期間中までが考えられる。著作者の死後の人格的利益が害された場合、これに差止等請求ができる遺族は孫までと定められている*1。この考え方をパブリシティ権に転用しても不自然ではないだろう。すると大体、本人の死後70〜100年程度になる。

　**実務上は、利用目的や内容、その人物のファンやゆかりのある郷土における国民感情、パブリシティ権の管理事業を事実上行っている団体や遺族の有無とそのスタンスを確認し、クレームなどの可能性も考慮しながら、リスクを取るか否かを判断することになろう。**例えばトーマス・エジソン（1931年没）のパブリシティ権は、チャールズ・エジソン財団が保有するとし、執筆時現在、米国大手代理店のグリーンライト社が管理するが、少なくとも日本で法的に有効かは疑問である（国によっては故人のパブリシティ権を認めていることもある）。

　なお、経営者や企業家など、特定の企業や商品のアイコン（商品等表示）として著名な人物の場合、他社が広告に利用することで、パブリシティ権とは別に不正競争防止法違反となる余地がある。**例えばスティーブ・ジョブズがサムスンのスマホの広告に出たり、カーネル・サンダースがマクドナルドの広告に出てきたら混乱するだろう。**この場合、遺族などではなくアップルやKFCなどの企業が権利行使の主体となる。ビジネスの世界で活躍した偉人にはより注意だ。

---

*1　著作権法第116条

# 052

# 広告の小道具として
# 市販品を使用するのは問題?

# 回避策が採られがちも、
# 法的リスクはほぼない

　広告には、広告対象の商品だけでなく、商品のイメージや使用場面を演出するための小道具が使われることがある。住宅での日常を舞台にした広告に家具や食器を使ったり、高級感の演出のために高級車やラグジュアリー品をあしらうこともあるかもしれない。

　予算が潤沢なら、既製品を使わずに架空の商品を制作したり、そうでなくとも画像処理で市販品の商標を削除したり、あまり特徴のない100円ショップの商品を使うことがある（100円ショップ系のメーカーからすれば微妙な対応だ）。**だが市販品をそのまま小道具に利用しても法的な問題はほぼなく、クレーム対策の範囲といえる。**

　かつては、物品にも有名人のパブリシティ権のような、名称や外観が持つ経済的利益を保護する権利があって然るべきではという議論も存在した。しかし2004年の最高裁判決で明確に否定されて以降、「物にパブリシティ権はない」ということで決着がついている。パブリシティ権は人格権由来の権利と整理され、人以外には発生しないことが確認されたのだ。物については、著作権

法や商標法などの知的財産関係法で独占利用の範囲が決まっており、これらの法律で規制されない利用方法であれば原則合法というわけだ。そして著作権法や商標法などで、小道具としての利用を規制できるシチュエーションはほとんどない。

**まず、実用品の大半はそもそも著作権で保護されない**（→ 089 ）**。これらを小道具として用いても著作権上のリスクはない**。ただし一部のデザイナーズ家具のような、美的鑑賞の対象となる部分を有する特別な実用品は著作権で保護され得るため（→ 090 ）、こうした実用品の扱いには注意が必要だ。もっとも、背景の一部として遠くに配置したり、一部しか写さないことで形状の本質的特徴を捉えることのできない使い方をするのであれば、著作物を複製したことにはならない。「小道具」としての利用に留まるのであれば、多くの場合、問題とはならないのではないだろうか。

商品の形状は、高度に独創的か著名であるかによって、形状自体がブランドといえるレベルになっていれば商標登録されていることがある。また商標登録されていなくても、著名な商品形状は不正競争防止法によって一定の独占権が与えられていることがある。**しかし小道具としての使用に留まるのであれば、商標権侵害や不正競争防止法違反になることはまずない**。ただし、実質的にどちらが主役なのか紛らわしいような場合、公認商品やタイアップなどと誤解される余地があれば問題となり得る。例えばフェラーリのボンネットにウィスキー瓶を置いたウィスキーの広告で、フェラーリの存在感が大き過ぎれば、不正競争防止法に抵触する可能性があるだろう。

# 053

# 看板や一般人が広告等に写り込んでしまったら?

## 肖像権に注意も、著作物・商標は大体問題ない

　屋外で撮影した広告などに、看板や一般人などが写り込んでいた場合、広告業界では削除やぼかしを入れる対応が一般的だ。昨今は画像・動画編集処理技術の進歩により、比較的簡単に削除などの加工ができるので、トラブルの可能性を極小化するためには、削除しておくに越したことはないだろう。

　一方、編集の時間がなかったり、削除すると不自然になること（繁華街の雑多な雰囲気を演出したい場合など）もあるだろう。正しい法的評価と、削除しない場合のリスクの程度を知っておくことも重要だ。

　**写真や映像に他人の著作物が写り込んでいるに過ぎない場合、著作権の問題はない。その写り込み著作物が全体からみて軽微で、著作権者の利益を不当に害さない正当な範囲内の利用であれば著作権法上許容されている**[*1]。渋谷駅や新宿駅前で撮影すれば、ビルボード広告や街頭テレビの映像がイヤでも写り込むが、この規定により合法である。演者がキャラクターぬいぐるみを抱いていたり、キャラクターTシャツを着ている場合はどうか。テ

レビ番組やYouTube動画などなら写り込みに該当し得るが、広告においては、そのキャラクターをいわば広告アイコンとして利用していると評価できる場合、写り込みとは言い難い。

　他人の商標が写り込む場合も商標法上の問題はない。銀座通りで撮影すれば必然的にラグジュアリーブランドの看板が背景に写り込むが、**だからといってその写り込んだ商標によって広告主が誤認される可能性はなく、そうであれば商標権侵害にはならない**。

　最後に肖像権はどうか。写り込んだ人にとって「社会生活上受忍すべき限度」を超えていれば肖像権侵害だ。一般論としては、顔がよく写っていない、雑踏・群衆の一部に過ぎない場合は侵害とはならない。これがひとつの判断基準である。もっとも、例えば繁華街の雑踏の一部だとしても、よく見れば顔が分かるししかも産婦人科や風俗店に出入りするところだったとなれば肖像権やプライバシー権侵害の可能性が出てくる。ただ歩いているだけの写真でも実は不倫カップルだったら、写り込みが肖像権侵害とまではいえなくとも厳しく削除を要求されるかもしれない。**著作権、商標権、肖像権の中で、最も配慮が必要なのが肖像権であることは間違いない**。

---

＊1　著作権法第30条の2

# 054

# 自社がメディアで紹介された！
# 宣伝に使っていい？

# コピーはNGだが
# 回避策も豊富にある

　自社や自社商品が、メディアで紹介されたとき、その記事や映像を宣伝のために使ってもよいのだろうか。

　残念ながら原則はNGである。記事や映像には著作権があり、自社について紹介した著作物だとしても、だからといって紹介された者が勝手に利用していい道理はない。とはいえ自社商品がメディアで紹介されれば嬉しいし、そのことを自ら広めたいというのが人情というものだ。どうにか合法に利用する手はないものだろうか。

　記事や映像といった著作物自体を複製せずに、紹介された事実を述べることで紹介するのは問題ない。**「当店が○月○日放送のNHKニュースで紹介されました！俳優の××さんが来店され、看板商品の▲▲を美味しく召し上がってくれました！」**といった**紹介は可能である。**

　ネット記事やYouTube、SNSの投稿を、ネット上で紹介したいのであれば、リンクを貼って紹介することも問題ない。引用リツイートや動画埋め込み型リンクなど、プラットフォームの利用規約によって投稿者がプラットフォームや利用者に対し許諾してい

る利用方法で利用することも問題はない。

　問題となるのは著作物の無許諾複製を伴う宣伝である。記事のスキャンやテレビ画面の写真撮影、スクリーンショットなどによってコピーした画像に、「当店が○○新聞で紹介されました！」とコメントをつけてネットにアップしたり、記事をコピーして店の壁に貼り付けることを法的に正当化するのは難しい。もっとも回避策はある。敢えてピントを合わせずブレさせたり、遠くから撮影したり、逆に極端に接写するなどして、**実質的に記事として読めない形で複製するなら、著作物を複製したことにはならない**。また、例えば「原宿のケーキ店○○が大人気！」といった、創作性がなく著作権が発生しないありふれた見出し部分のみを複製するという手もある。それだけでも、記事で店が絶賛されたこと自体は十分に伝えることができるだろう。

　**複製せずに、店内の壁などに新聞や雑誌記事の原本そのものを貼ることも問題ない**。著作物の原本（原作品）を公に展示する権利を展示権というが、これは美術品と未発行写真の原作品にしか認められていない[*1]。なお、テレビ番組やネット上の動画を流す場合は、モニターなどを介すため展示ではなく上映になり、上映権の侵害になる。

　あとは、正面切ってメディア側に許諾を求めることだ。**メディア側も好意で紹介してくれた以上、本人が一時的に、常識の範囲で記事を利用することには寛容な場合は少なくない。あるいは取材を受ける条件として、あらかじめ一定の利用許諾を得ておくのもウマい手だ**。

---

＊1　著作権法第25条

# 055

# 広告で「SNSユーザーの声」を使っていい?

# SNS投稿も著作物。
# 個別に許諾を取ろう

　一般のSNSユーザーが自社商品についてつぶやいた書き込みを集めて、広告に転載するというアイデアを思いついた。著作権上問題はないだろうか?

　**個人のSNS上のつぶやきも原則として著作物であり、利用するには投稿者の許諾が必要である。**個別に連絡を取り、承諾を得られた投稿のみを利用しなければならない。「無料でいいですよ!使ってもらえて嬉しいです!」と言う人もいるだろうし、「10万円払って下さい」と言う人もいるかもしれないから、調整はいささか手間である。基本的に投稿者ごとの交渉だが、自社商品のユーザーに対する公平性という観点からは、一律の対価を設定して、その条件に応じてくれる投稿者のみを対象とするのが好ましいのではなかろうか。なお、対価が金銭であることは必須ではなく、記念品などでも構わない。

　広告に投稿者の名前を出すか、という問題もある。**これも投稿者と個別に相談し、最終的には投稿者の意向に従う必要がある。**著作者には氏名表示権[*1]という、自分の著作物の公表に際し、名前を表示するか、表示するなら実名か、変名かを決定できる権利

があるからだ。本名か、本名のイニシャルか、SNS上のユーザー名か、アカウント名か、無記名かといった選択肢が考えられる。

　また、企業が「当社アカウントをフォローして『#商品名』で感想を投稿した方の中から抽選で賞品をプレゼント」といった、いわゆる「ハッシュタグキャンペーン」をSNS上で展開することがある。こうしたキャンペーンの一環で収集した投稿を広告で利用する場合、**応募規約において投稿を広告で利用する可能性があることを明示し、これに承諾させたうえで応募させる方法がある**。ただしこの場合でも、SNSの仕様上、応募規約を見ないユーザーもフォローやハッシュタグを使用できるので、実際に広告に利用する場合には、やはり改めて確認を取る方が安全だろう。

　こうした手間を敬遠し、自分で「消費者のSNS上の書き込み」風の表示を創作して広告に使うことは可能だろうか。**自作メッセージをあたかも消費者の書き込みであるかのように広告に掲載するのであれば、著作権の問題はなくても別の問題を生じる**。実際には事業者自らが行う広告表示なのに、第三者の声であるかのように誤認させる表示は、消費者の合理的な選択を阻害するものとして、景品表示法の規制対象である[2]。ただし、「SNS上で『こんな商品が欲しかった！』などと大評判！」といったように、事業者自身が実際の消費者の声に基づきそれを抽象的にまとめて表示していることが明瞭であれば、問題はないだろう。

---

＊1　著作権法第19条
＊2　景品表示法第5条3号、令和5年内閣府告示第19号

# 056

## 企業アカウントの
## 著作権と責任は誰にある?

# 企業に著作権が帰属し、
# 企業も法的責任を負う

　企業の公式SNSアカウントといっても、投稿内容を会議であらかじめ決定し、上司の承認を得て投稿するような慎重な運用をするのは、一握りの大企業くらいだ。SNS担当者に一定の裁量を与えて、投稿内容や頻度をほとんど任せているケースが多いだろう。この場合、担当者はセンスを問われるし、コンプライアンス上の責任も大きいが、やはり人間味や個性が出た方がユーザーの好感は得やすく、人気を博すこともある。さて、こうした担当者（俗に「中の人」とも呼ばれる）の貢献度が高いSNS投稿の著作権は誰のものだろうか。そして仮に権利侵害が生じたときには誰の責任になるのだろうか。

　**担当者個人の裁量で内容を創作して投稿していたとしても、会社の名のもとで、会社の方針に従い、会社の業務として発信するならば、「職務著作」として企業に著作権が帰属する**（→ 022 ）。あからさまな宣伝の投稿はもちろん、何気ない日常のつぶやきでも（創作性がなく著作権自体が発生しない投稿もあるだろうが）、アカウント全体が企業の好感度向上や消費者コミュニケー

ション推進を目的とする職務として運用されている以上は職務著作と考えるべきだろう。

　もっとも、実態として従業員の裁量と貢献度が高い場合、感覚的に職務著作とは納得しがたいこともあるはずだ。例えばアパレルショップ店員や美容師などは、SNS上の発信が公私いずれの立場によるものかが曖昧な場合があるし、時には個人としてモデルやタレント顔負けの人気を博していることもある。**そのような従業員の独立や異動の際には、アカウントの権利帰属をめぐり勤務先とトラブルになることも想定される**。揉める前に、投稿内容の著作権やSNSアカウントが、会社と従業員のどちらに帰属するかをあらかじめ相互に確認しておくことが望ましい。

　なお、担当者個人の貢献度の高いSNSアカウントで、著作権侵害やその他の法的トラブルが起こった場合の責任主体は誰になるのだろうか。それはその個人と所属企業の両方である。会社には、従業員が職務上第三者に与えた損害を賠償する使用者責任があるからだ[*1]。会社としてアカウントの運用方針をつくるなど、一定のルール整備があった方がよい。また、担当者としては目立つ（バズる）ことを重視しがちだが、企業アカウントとして運営している以上、個人インフルエンサーのように際どい投稿で目立とうとするのではなく、所属企業に好感を持ってもらうためにつぶやくことを忘れないようにしよう。

---

＊1　民法第715号

# 057

# SNSの「個人の見解です」は
# どこまで有効？

# 使用者責任が及ばないことの表明だが限界も

　会社の従業員や役員が、プライベートなSNSアカウントで所属企業を明かして情報発信することは珍しくない。この際「投稿は個人の見解であり所属組織とは関係ありません」などと添えられることもある。また、積極的に身分を明かしていなくとも投稿内容から所属企業が分かることもあるだろう。このような「プライベート」なアカウントについて、著作権上の扱いはどうなるのだろうか。

　**自ら所属企業を明かしていたり、あるいは投稿内容から容易に判明したとしても、会社の意思や職務から独立したプライベートなアカウントの投稿は職務著作にはならない。**ある著作物が職務著作になるためには、「法人等の発意」に基づき従業員が「職務上作成する」「法人等の名義で公表する著作物」でなければならないからだ（➡ **023** ）。単に企業の従業員であることを明かして書いたというだけでは、投稿は従業員個人の著作物である。また、もしそのアカウントで著作権侵害などの不法行為があった場合でも、会社の業務と無関係である以上、原則として会社に使用

者責任は及ばない。それは「個人の見解です」などとわざわざ断りをいれなくとも同様である。

　ただし、わざわざ所属企業を明かしながらまったくのプライベートなことしか書かないなら話は単純なのだが、こういう人は自社や競合他社などについてもコメントする傾向がある。マーケターやプログラマーなどが職務上の専門分野について自説を開陳することもあるだろう。この場合、閲覧者からそれらが所属企業における職務としての投稿だと誤解を受ける可能性がある。そうでないことを明確にするために「個人の見解です」のエクスキューズが活用されているといえるだろう。**投稿者がどこまで意識しているかはともかく、この文言には、投稿が職務著作ではなく、投稿内容に会社の使用者責任が及ばないことを表明する効果があるのだ。**

　もっとも、**「個人の見解」でも実態として職務上の不法行為と評価できれば話は別だ。**かつて印刷所の従業員が、発売前の人気漫画を写真に撮り、それをSNSに投稿して問題になった。このようなケースの場合、プライベートなアカウントで投稿すればそれは職務著作ではない。だが従業員が印刷請負という職務の遂行に際して他人の著作権を侵害した以上、会社にも使用者責任が及ぶ。いくら「個人アカウントで勤務先は無関係です」と書いたとしても無意味である。プライベートアカウントだからといって、職務上の不正行為を開陳するのは本人にとっても会社にとっても大きなリスクなのだ。

# 058

## 販促目的なら多少の 無断利用は許される?

# 販売者自身の販促利用は かなりの範囲で合法

　自社が仕入れた商品の販売促進に際し、その商品のパッケージ画像などをパンフレットやECサイトに掲載するのは不可欠といってもよい。だが、その画像には著作権がある。こうした場合、本当は著作権者の許諾を得なければならないのだろうか。

　**販売者自身が販促のために著作物を利用する場合、実は著作権者の許諾は不要である。**正確には、美術や写真著作物を譲渡（販売を含む）または貸与する権限のある者が、販売等の申し出に役立てるため、当該著作物を複製や公衆送信をすることが法的に許容されている[*1]。これには**商品のパッケージ、書籍のカバー、DVDやCDのジャケット、Tシャツなど、中身は美術品や写真ではなくても外見（パッケージなど）が美術か写真の著作物である場合も対象と解釈されている。**この規定により、ECサイトで商品などのパッケージ画像を掲載することは合法なのである。

　しかもこの規定の対象は、正規の一次流通販売時に限らない。中古品販売サイトやフリマアプリでの画像掲載も合法だ。「貸与」も対象なので、レンタルサービスのサイトもOKである。

　「おお、すごく自由だ！」と思うが、考えてみれば当たり前の

話だ。実店舗（中古店なども含む）で商品を展示する場合には、通常著作権は及ばない（展示権は美術の原作品と未発行写真の原作品にのみ認められている）。**店頭で商品を並べるのにいちいち著作権者の許諾を得ていない以上、ECサイトでも同様の扱いとするのが妥当だろう。**なおネット上の利用に限らず、販売等の申し出のための複製・公衆送信はすべて対象になるので、例えば通販カタログや新商品案内のパンフレットへの掲載や、テレビショッピングでの放送も許容される。

　若干注意を要するのは、このようにして許容される画像掲載には、サイズ（精度）制限があるということだ。大まかに3つの基準がある\*2。①通販カタログなどの紙面掲載の場合は50cm²以下、②デジタル掲載の場合は原則32,400画素以下、あるいは③著作物や取引態様の個別事情に照らして「必要最小限度で公正な慣行に合致する」大きさである。32,400画素といわれてもピンと来ないが、2000年代半ばのカメラ付き携帯電話で撮影できるノーマル画質の写真程度である。現在のスマホは億単位の画素で写真撮影ができる機種もあることを考えると、これはめちゃくちゃ小さい。サムネイル画像としても小さい。2010年施行の省令による規定だが、これはもう時代に追いついていないというほかない。実務上は③の規定があることにより、これより鮮明な画像でも許容されているといえる。

---

\*1　著作権法第47条の2
\*2　著作権法施行令第7条の3、著作権法施行規則第4条の2。なお公衆送信においてコピー防止措置を施せば9万画素まで許容されるが、それでも小さい。

## 059 紹介目的なら 多少の無断利用は許される?

# 著作権者の不利益性を よく想像して判断しよう

　前項の通り、販売者自身による販促目的の商品画像の複製や公衆送信は、著作権法上、原則として許容されている。一方で、広告会社やメディア、あるいは一般消費者など、販売・貸与の権限を持たない者が商品を「宣伝・紹介」する場合はそうではない。

　商品の批評やレビューといった主目的、主コンテンツが別にあれば「引用」として適法に利用できる（➡ 031 ）が、そうでなければ、たとえ好意的な宣伝・紹介目的であっても、著作権者の許諾が必要なのが原則だ。

　ただし実務上悩ましいのは「どうぞご自由に」「わざわざ申請なんか要りませんよ」「紹介してくれて嬉しいです」「どんどんネットにアップしてください」というリアクションも少なくないことだ。**形式的には著作物の無断利用であっても、実質的に著作権者に不利益を与えず、むしろ利益に貢献する場合は寛容ないし歓迎されるケースは確かにある。**しかし、その境界線はセンシティブであり、状況や著作権者の考え方によってさまざまである。

　例えば、映画のポスターや書籍のカバーを転載して映画や本を紹介しても、映画会社や出版社には不利益を与えにくい。それどころか宣伝になって感謝されるだろう（版元ドットコムなど、業界団体としてカバーの利用許諾をあらかじめ表明する団体もある）。しかし、同じ一枚絵でも、ネットでイラストを発表するイラストレーターの作品を転載して紹介すれば、その紹介行為によって、閲覧者は作品そのものの価値をすべて享受できてしまい、著作権者には利益が還元されない。これは容認されにくいだろう。同じ紹介目的の転載行為でも、著作権者に与える影響と許容性はずいぶん異なるのだ。

　映画のワンシーンの切り抜き動画や、書籍本文の複数ページの転載ともなると、許容性を一般化して語ることすら難しい。「それでも宣伝になるからいい」と思う人もいるかもしれないが、最初から宣伝用に公表している予告編や公式の試し読みを超えた転載は一切許容できない著作権者も多いのではないか。

　以上からすると、**その「紹介行為」によって、著作権者に財産的・精神的不利益を与えないかどうかをよく想像し、ケース・バイ・ケースで適否を判断することが大切だろう。**

　なお例外的に、美術展や写真展に関しては、著作権法上、展示者による展示作品（ただし原作品に限る）の紹介や解説、情報提供目的での利用が一定程度認められている。具体的には小冊子への掲載、館内スクリーンやタブレット端末などでの上映、ネットでの展示作品の案内などである[1]。

---

＊1　著作権法第47条

# 景品キャンペーン時、景品の発売元に許諾を得る必要は?

# 主催者との誤解を招かなければ、原則許諾不要

　キャンペーン、懸賞、コンテストなどを企画し、消費者にギフト券やゲームソフトなどの景品をプレゼントすることがある。このとき、景品の販売元に許諾を得る必要はあるだろうか。例えばAmazonのウェブサイトには、「Amazonギフトカード」を景品として利用する場合には「法人向けAmazonギフトカードの売買契約」の締結と、そのうえでガイドラインに従って利用することを促す案内がある[*1]。

　だが結論からいえば、基本的に許諾は不要である。これには著作権と商標権上の論点がある。まず著作権だが、**消費者へのプレゼント（譲渡）の申し出に役立てるための美術や写真の著作物の利用は、著作権法上許容されている**（➡ **058** ）。したがって、**景品告知のウェブページや雑誌誌面などに、ギフトカードの画像やゲームソフトのパッケージ画像を掲載することに問題はない。**

　商標権については、例えば「Amazon」や「NINTENDO SWITCH」などは各社の登録商標なので、これらを商標として、すなわちキャンペーンを実施する企業自体の商品やサービスの

マークとして使用すれば商標権侵害になる。つまり、例えば缶コーヒーの販促キャンペーンでAmazonギフトカードをプレゼントする場合に、「Amazon」の文字列やロゴを、その缶コーヒー自体のブランドであるかのように表示すれば商標権侵害である。

　一方、単に景品が何であるかの説明として、景品に関する登録商標を使用しても、商標権侵害にはならない。**「○○社の缶コーヒーを買えば、景品としてAmazonのギフトカードがもらえる」ことを消費者に正しく理解させる限りにおいては、「Amazonギフトカード」の商標を表示しても、商標権の問題はないのである。**

　ただし公式のロゴマークなどを使用するなど、景品の商標を強調し過ぎると、共同事業や公認キャンペーンであるかのような誤解の余地が生まれ、商標法上のリスクも生じ得るだろう。その場合は、「本キャンペーンの主催は○○社であり、Amazon社は関与しておりません」などといった注記を添えると、景品の販売元が事業やキャンペーンに関与していないことを明確にできるため、誤解の余地を減らすことができる。

　実は冒頭のAmazonの案内においても、キャンペーン主催者の明示と、「Amazon」がAmazon社の商標である旨の注記を添えるのであれば、ギフトカード画像と「Amazonギフトカード」のテキスト表記については契約不要で利用してよいと明記されている。まさに著作権法と商標法の解釈に則った措置といえる。

---

＊1　Amazon.co.jp "Amazon Incentives"（2023年6月時点）

# 061 大手企業との取引実績を 勝手に宣伝に使っていい？

# 事実表示に留まれば 問題ない。強調表示は注意

　大手や有名企業との取引実績は自社の宣伝になる。そのことを対外的に示したい場合、取引先の許諾は必要だろうか。取引関係がある以上、マナーとして断りを入れることが望ましいのはいうまでもないが、取引関係が終了している場合など、許諾を得にくいこともある。さて法的にはどうか。

　著名ブランドは、商標登録の有無にかかわらず手厚く保護される。不正競争防止法は、著名な商品等表示（企業・ブランド名等）の無断使用により相手の営業上の利益を侵害する行為を規制している[*1]。著名ブランドの場合、間違えて買ってしまうなどの誤認混同のおそれがなくとも対象となるため、注意が必要だ。

　**もっとも、取引実績の事実を説明するに過ぎなければ、法的に問題はない。**不正競争防止法は、著名企業名等を「商品等表示」として使用することを規制するに留まる。「商品等表示」とは、商品や営業の出所を示す態様、あるいは少なくとも商品や営業に一定の品質保証を与える態様での表示である。具体的には商品名、店舗名、ブランド名のような使い方にしか規制の範囲が及ば

140

ない。

　例えば「当社はトヨタ自動車に部品を納品した実績があります」などと書く場合、本文の「トヨタ」の表示が、「当社」の事業主体を表していたり、「当社の部品」にお墨付きを与える機関の表示として認識されることはない。**本文の文字通りの事実以上の意味はないのである。このような事実表示は、不正競争防止法による規制の範囲外である。**

　問題はどこまでを事実表示と見なすかだ。説明文や「取引先企業一覧表」は問題ない。しばしば見かける、**ウェブサイトやカタログに取引先のロゴマークを列挙するケースはどうか**。通常、企業のロゴマークはグループ会社など資本関係のある企業にのみ使われるという社会通念があるから、マークを見たときに、それが事業主体を指すかのように誤解されることもあるかもしれない。ただ**「取引実績企業」とはっきり書いたうえで、しかも複数の会社のロゴを列挙するならば、そのような誤解をもたらすことは考えにくく、問題ないだろう。**

　**一方、単なる事実以上の大げさな書きぶりは、事実表示の範囲を超える可能性がある。**例えば、広告で「あの帝国ホテルで長年採用された食器です！」といったコピーを、殊更に目立たせて書く場合、事実以上に帝国ホテルがその食器を推奨し、品質を保証しているかのような印象を与え得る。このような場合、帝国ホテル製の食器だと誤解されるおそれがなくとも、不正競争防止法違反となる可能性がある。著名企業との取引実績を謳いたいのであれば、抑制的な事実表記に留めるのがよいだろう。

---

＊1　不正競争防止法第2条1項2号

# 062

# ランドマークを商品や広告に使っていい?(著作権編)

# 多くのシチュエーションで問題なし

　高層ビルやタワー、城、巨大オブジェ――。世界各地に、その地域を象徴するランドマークがある。これらを商品や広告に利用してもよいだろうか。実は多くの場合で可能なのだが、複数の観点からの法的検討が必要で、少々ややこしい。そのせいで一部の所有者の権利主張がごり押しされている面もある。丁寧に解説していこう。まずは著作権の観点だ。

　**富士山などの自然物にはもちろん著作権がない。また、大昔から存在する神社仏閣や遺跡などは、著作権があったとしてもとっくに切れている。**これらの利用は当然に自由である。

　近現代の建築物についてはどうか。建築物は、そのデザインに高度の美術性がなければ創作性がないとされて著作権が認められない。**実用本位で建築された一般の高層ビルや商業施設などは著作権で保護されるとは考えにくく、自由に利用することができる。**

　一方でランドマークになるほどの建築物の中には、その特徴的なデザインが認められて著作権で保護されるものもあり得るが、

　実は建築物に関しては、著作権があったとしてもその権利範囲は大幅に制限されており、端的には建築行為にしか著作権は及ばない[*1]。つまり、仮に東京タワーが著作権で保護されるとして、同じデザインのタワーを大阪で勝手に建築すれば侵害になるが、**東京タワーの写真をポスターにしたり、絵はがきやミニチュアモデルを作ることには問題がない。公共空間の一部になっている著作物は、できるだけ自由利用を許すというのが著作権法の考え方なのだ。**

　人が出入りする建築物ではなく、屋外展示の美術品がランドマークとして受容されることもある。渋谷のハチ公像、広島平和記念公園の原爆の子の像、バンクシーの壁面絵画といったいわゆるパブリック・アートだ。こうした原作品が屋外に恒常的に設置された美術作品の著作権も、大幅に制限されている。彫刻を彫刻によって複製すること、同じ屋外恒常展示品として複製すること、作品自体をメインに利用する販売目的での複製は侵害になるが、それ以外の利用は適法である[*2]。つまり、彫刻のレプリカ製作や、作品のみを掲載した絵はがきの販売などはできないが、**商品要素の一部に利用する場合（例えば「日本一周すごろく」の盤面にハチ公像を描くなど）や、非売品のポスターや広告などに写真や映像を掲載することに問題はない。**著作権者が公共空間での作品常設を許すと、その代償として、第三者にかなりの自由利用を認めることになるのだ。

---

*1　著作権法第46条1項2号
*2　著作権法第46条1項1号、3号、4号

# 063

# ランドマークを商品や広告に使っていい？（商標・意匠権編）

# 公認商品等の誤解を招かない限りは問題なし

　例えば、東京タワーや東京スカイツリーの名称や立体形状は、所有者により商標登録されているが、ランドマークの商用利用を検討するうえで、建築物の名称や形状が商標登録されていることは考慮事項になるだろうか。

　この場合も、商用利用が商標権侵害となるシチュエーションはかなり限定的である。商標権侵害とは、登録商標の無断使用によって、その商品やサービスの出所の混同を引き起こすことである。「東京タワー」の語や立体形状を権利範囲の商品について使うことによって、**例えば東京タワー公認商品であるとか、東京タワーが事業に関与しているといった誤認を生じさせるおそれがあれば、商標権侵害となり得る。**このような使い方を「商標としての使用（商標的使用）」という。

　一方、例えばホテルやマンションの広告に「お部屋から東京タワーが一望できます！」と書いて東京タワーの外観写真を掲載する場合、**それは事実として東京タワーが部屋から見えることを説明しているに過ぎないか、せいぜいその事実をセールスポイント**

**として強調しているに留まる。**確かに「東京タワー」という言葉を使っているが、そのことによってそのホテルやマンションを東京タワーが運営しているとか、公式にコラボしているといった誤認までもたらすことは通常ない。

　あるいは地域の土産物のパッケージや広告には、イメージカットとして地域のランドマークのイラストや写真が使われることもあるが、**イメージカットとしての役割に留まるなら、やはりランドマークの公認や関与を疑わせることもない。**

　**このような使い方は「商標としての使用にあたらない」と説明され、商標権侵害が否定される。**なお商標登録されていなくても、有名ブランドの使用は不正競争防止法により規制される（➡ 061 ）が、結局、商標（商品等表示）としての使用が規制されるに留まるので、前述のような使用方法であれば問題はない。

　また、著作権が認められない程度の創作性の建築物でも、新規性等があれば意匠登録が可能である。もっとも意匠権の効力は願書記載の物品の類似範囲に限られる。つまり「建築物」を物品として登録されている意匠権は「建築物」にしか及ばないのだ。建築設計会社でもなければあまり気にする必要はなさそうだ。ただし建築物のデザインでも、対象物品が「置物」や「玩具」として意匠登録されていた場合、ミニチュアモデルに意匠権が及ぶことになる。これらのメーカーは、意匠権については一応確認した方がよいだろう。

# 064

# ランドマークが「商用利用禁止」を表明している場合は?

## 牽制の意味合いが強く、法的効果は弱い

　ランドマークの中には、写真などの商用利用禁止を表明するものもある。例えば宇治の平等院のパンフレットには「院内で撮影した写真などを営利的な目的で使用することは禁止いたします」と書いてある。このような場合はどうすればよいのだろうか。

　所有者は商用利用をイヤがっているのはハッキリしているので、法的な妥当性にかかわらず、クレームやトラブルを招くことを嫌気したり、ランドマークとの関係性を重視するのであれば、利用を避けておくのが無難ではあるだろう。

　**だが法的評価としては、このような禁止事項にはあまり意味がない。** ランドマークの所有者は、所有権（施設管理権）に基づき、その権利の範囲で訪問者を拘束することができる。「商用利用目的での写真撮影禁止」を宣言すれば、その場で撮影を止めさせたり、守らない訪問者を追い出したり、出禁にすることはできる（ただし大掛かりな機材を持ち込んでいるなどでなければ、商用目的かどうかを判断するのは困難と思われる）。だが、それは**あくまで所有する施設や敷地内における行為にしか及ばず、敷地外での行為を差し止めることはできない。**

　一方で、以下の考え方もできる。訪問者はランドマーク施設の「商用利用禁止」という禁止事項に合意して施設を訪問した以上、商用利用は合意（契約）違反であると。だが、この考え方を採ったとしても結局あまり意味はない。

　まずパンフレットに「敷地内で撮った写真の商用利用は禁止です」と書いたからといって、訪問者がそれに合意したとはいえない。パンフレットなどもらわなくても敷地には入れるし、合意したかどうかを確認する術もないからだ。誓約書にサインさせたり、窓口で説明のうえ合意を得てから入場させるなら、訪問者との間での合意はあったといえそうだが、**入場せずに、敷地外から撮影した写真や、第三者から買った写真を利用すれば関係ない**。

　仮に、入場してこっそり撮った写真を合意に反して商用利用した場合でも、直ちに違法であるということはない。理論上は、実際の商用利用によって所有者に発生した損害についての賠償責任を負う可能性がある。**だが知的財産権各法で独占できない建築物の商用利用によって発生した損害を、法律が救済することは通常考えにくい**。不法行為が成立するのは、よほど特殊な事情か、相当あくどい利用態様であった場合に限られるだろう。**つまるところ「商用利用禁止」にはさしたる法的拘束力はなく、あくまで牽制や「お願い」の意味合いでしかないのである**。

# 065

# イベントへの便乗商法の是非は？（法的解釈編）

# 全面NGは誤解。使い方に気をつければ問題なし

　オリンピックやワールドカップにかこつけたキャンペーンや、広告でこれらイベントに言及することはできないといわれることがある。ともすれば一般向けの著作権等の解説書でもそのように書かれているが、不正確である。

　してはいけないのは、著作権で保護されるエンブレムやマスコットなどの無断利用で、これは著作権侵害になる（ただし五輪マークの著作権の保護期間は満了している）。それから商標登録されているエンブレムやマスコット、「オリンピック」などの大会名を「商標として使用」すれば商標権侵害になり、また不正競争防止法違反にもなり得る。

　だが、この**「商標としての使用」が認定される場面は限定的である**。「商標としての使用」とは、その商標の表示により「商標を付した商品等が、ある特定の事業体を出所（販売者やスポンサーなど）とするものだ」と消費者等に認識させる態様での使用である。商標権侵害とは、商標の無断使用によってその認識を誤らせるおそれを生じさせることをいう。

　つまり、例えば事実に反して「オリンピックの公式ドリンクで

す」「FIFAワールドカップ公認キャンペーン」などと広告した
り、五輪マークなどを自社商品に対する公認マークのように見え
る形で使用すれば、大会主催者が関与した公式商品といった誤認
が生じるおそれがあるため、商標権侵害や不正競争防止法違反と
なり得る。

　一方、例えば飲食店や小売店がよく行う「ワールドカップで日
本が勝ったら半額サービス」「オリンピック開幕記念キャンペー
ン開催」などの広告であれば話は別だ。**「ワールドカップで日本
が勝ったら」「オリンピック開幕記念」は、それ自体は一見して
事業とは無関係の社会的現象や事実の説明であり、飲食店が大会
自体に商業的関与をしているとの誤解を招くおそれは通常ない。**
そうであれば、違法性もないのである。ましてや「オリンピッ
ク」などの商標を用いない「日本人選手がメダルを取ったら1杯
無料キャンペーン」「日本代表選手を応援しよう！」といった
キャンペーンやキャッチフレーズでは、違法にはなりようがない
のだ。
　一方、IOCやFIFAなどのスポーツイベントの主催者は、この
ような合法なキャンペーン活動でも嫌気しており、控えるよう要
望しているという事実もある。これをどう受け止めるかという問
題は、次項で解説しよう。

# 066

# イベントへの便乗商法の是非は？（クレーム対策編）

# クレームは「お願いベース」。規制緩和の傾向も

オリンピックやワールドカップなどのスポーツイベントの盛り上がりに乗じて、イベントへの関連付けを意識したキャンペーン活動などは「アンブッシュマーケティング」と呼ばれている。これは商標権侵害等にあたらなければ合法だが、それでもイベント主催者は嫌気している事実がある。

その背景には、スポーツイベントの収入はスポンサー料に依存しているという事業構造上の問題がある。大会主催者は、多額かつ依存度の高い収益源であるスポンサー料の見返りとしてスポンサーへ与える便益を最大化するため、大会に関連付けたキャンペーンの実施を「独占許諾」するというビジネスモデルを採用しているのだ。

しかし、前項の通り**わざわざ許諾をもらわなくてもこうしたキャンペーンは合法に実施できるため、「独占許諾」のビジネスモデルは本来成立しない**。この矛盾を解消するために、大会主催者には第三者のアンブッシュマーケティングをムリヤリにでも規制する動機があるのだ。

実際に、アンブッシュマーケティングにはクレームがつくこと

がある。だがその実態は法的根拠のない要望やこけおどしに留まる。2021年に東京五輪大会組織委がスタッフに配布した研修資料にも**「行為を中止させる法律的な根拠が薄いため〔…〕お願いベースでのお声がけ」**と記されている。

　近年の傾向としては、クレームリスク低減を念頭に（また「商標としての使用」にあたるかどうかの見極めが難しい場合があることも考慮され）、「オリンピック」などの商標を直接使わずに、**イベントを暗示させる手法（競技シーンや応援メッセージのみを用いるなど）によるアンブッシュマーケティングがよく行われている**。近年のオリンピックやワールドカップにおいても、サントリー、花王、興和、フォード、ナイキ、Netflixなどの大手企業が、国内外で戦略的なアンブッシュマーケティングを実施している。

　また、諸外国では、カナダ、オーストラリア、ドイツにおいてアンブッシュマーケティングを巡って大会主催者の方が敗訴した裁判例がある。さらに2019年、ドイツ当局は、IOCがオリンピック憲章に基づき、五輪選手が大会スポンサー以外の広告への出演を禁止していたことについて、優越的地位の濫用と評価してIOCに改善を指導。これを受け、オリンピック憲章は五輪選手の広告出演等を原則認める内容に改正され、**事業者が五輪選手を使ったアンブッシュマーケティング広告を行える余地が広まった。**

　このような他社の傾向、法的判断の積み重ね、大会主催者側のスタンスの変化といった社会潮流を参考に、クレームをどこまで気にするか、またクレームが来たときの応じ方を考えるとよいだろう。

 **おまけコラム**

# 商標ブローカーは無視してよし

　新語、流行語、業界用語、あるいはまだ商標登録されていない他社の商品名などを先に商標登録し、その名称の使用者に利用料をせびる輩がときどき現れる。誰かが使いそうな言葉を手当たり次第に大量に商標出願して有償での使用希望者を募る者もいれば、ピンポイントに特定のトレンドワードを商標登録して多くの利用者に警告書を送りつけたり、ライセンス契約を持ちかける者もいる。こういう輩から「使用料を払え」と言われたら、応じなければならないだろうか。

　応じる必要はない。新語、流行語、業界用語、他人の商標として広く知られた言葉、自らの事業で商標として使用するつもりがない言葉などを、他人から利用料を巻き上げる目的で登録した商標は、権利として無効である。いざ商標権侵害を主張して訴えたとしても「権利の濫用」として認められず、あるいは相手方がその商標権に対して無効審判請求をすれば、権利の方が無効になる。

　おすすめの対抗策は、同じようにライセンスを持ちかけられている同業者と連帯して、共同で商標権に対する無効審判請求を提起することだ。業界団体名義の請求もよい。商標権の無効性を判断するのは特許庁だが、多数の同業者が迷惑を被っていることをアピールすれば無効判断を導きやすいし、費用負担も按分できる。

　本来無効な商標権を使って金をせびる輩は「商標ブローカー」と呼ばれ、商標登録制度を悪用して小銭を稼ぐことを目的としている。「確かに登録されている以上は……」と落胆し、唯々諾々と従う者だけが損をする仕組みになっているのだ。

# クライアントと著作権、
# 強いのはどっち？

取引先との関係で著作権上の問題が生じた
ら、法律の知識だけでは対処できない。
法的な正しさを追求することと、取引先と
の良好な関係を維持することのバランスを
取らなければ解決できないのだ。
どちらもおろそかにできない。絶妙な舵取
りが試される。

## 067 成果物がクライアントに 改変されたら?

# 権利侵害といえるが、 契約上文句をいえないことも

　クライアントから請け負って制作した成果物が、納品後にクライアントの手で改変されて世に出た。言ってくれれば修正したのに、勝手に直されてしまって心外である。クレームしたものか、どうしたものか、モヤモヤする……。

　クライアントと受託者の関係だとしても、成果物を勝手に改変する行為は、原則として著作者人格権のうちの同一性保持権を侵害する。同一性保持権とは、著作物を意に反して改変されない権利である。**この「改変」には、例えばトリミング、色調の変更、敬体（です・ます調）から常体（だ・である調）への変更など、クライアントにとっては些細に思うレベルのものも含まれることが多い**（著作物の性質やシチュエーションにもよる）。同一性保持権は著作者の「こだわり」を保護するための権利なのだ。

　したがって、クライアントに成果物を無断で修正された受託者がクレームを入れることは妥当である。クライアントは、もし修正を望むなら受託者に依頼するか、承諾を得たうえで修正すべきなのだ。

　ただし実務上、クライアントと受託者は、同一性保持権を含む著作者人格権の不行使を契約していることが少なくない。その場合、受託者は納品後に無断改変されても文句は言えない。こうした契約は、クライアントの「成果物を同一性保持権に縛られず自由に利用したい」という事情からよく要求されるが、**受託者としては、応じるべきか否かを慎重に考えるべきだ。**

　一般的な商品パッケージやプログラムなど、クライアントによるその後の改訂やアップデートが想定され、かつ著作者のこだわりが表れにくい著作物、言い換えれば一から十までクライアントの要望に沿う表現が重視される著作物であれば、そもそも改変されても気にならないことが多かろう。この場合、著作者人格権の不行使契約を締結しても構わない。

　一方、イラストやコラム記事など、著作者の個性やこだわりが表れやすいタイプの著作物は、その分勝手に改変されたときのショックが大きいことがある。その場合、不行使同意は避けた方がよいだろう。


　**要するに、受託者において「勝手にいじられたくない」と思うなら著作者人格権の不行使には同意しない方がよい。クライアントから強要されそうになっても流されてはいけない。**せめて対価の増額や、改変を検討する場合はまず受託者への発注義務を課し、受託者が断った場合に限り同一性保持権を行使しない交換条件で応じるなど、納得のいく合意を目指すべきである。

# 068

## クライアントや上司から
## 模倣を強要されたら?

# 「人に言われてやった」は×。
# 当事者意識を持とう

　多くのビジネスパーソンやクリエイターは、誰も敢えて自ら著作権侵害をしようとは思わないはずだし、できるだけオリジナリティの高い商品を世に出したいと思っているだろう。それでもときどき露骨な著作権侵害品が世に出てしまうのはなぜか。その背景には「誰かにつくれと言われた」という事情がある。

　例えばクライアントから「作家の○○の作品に似せてほしい」と依頼されたり、上司から「××社の商品と似たものをもっと安くつくれ」と指示されたりすることがある。**言われた方には「言われてやることだから」**という思考停止が生じ、言った方には**「実際に手を動かすのは他の誰かだから」**という楽観が生じる。クライアント、広告代理店、下請けや孫請け、そして各社の上司と部下がお互いに少しずつ責任を押し付け合い、誰も当事者としてリスク意識を持たずに模倣行為が行われることも珍しくない。その結果、自己責任を自覚していれば当然避けられたはずの著作権侵害を犯してしまうのだ。

　いざ侵害トラブルが発覚したとき、まず法的責任を問われるのは侵害品の事業主体者だ。ただし業務委託関係がある場合、契約

上、著作権侵害によって生じた損害について、委託先に賠償責任が課せられていることも少なくない。もっとも、いくら当事者同士で互いに責任を押し付け合っても対外的な責任が免除されるわけではないし、現実的に委託先から回収できる金額には限界がある。もちろん社内でも責任を取らされる。結局、関わった全員が不幸になるのだ。

　この事態を避けるためには、**ひとりひとりが当事者としての責任感を持つ必要があるが、わけても実際の制作業務を担う者の責任感が重要だ。**「○○に似せろ」と命じられたときに、どのように行動すべきか。「それはできません」と断る勇気を出せればカッコいい。「こんなクライアントに関わるとヤバい」と察知して仕事を降りるのも賢明な危機管理術だ。受けざるを得ない場合でも、せめて議事録やメールなどで「『○○に似た制作物を』との貴社のご要望を確認しました」等、後から指示経路を証明できるよう記録を残しておこう。

　あるいは、**クライアントや上司の意向を汲み、先行作品を参考にはするが、著作権で保護されない雰囲気やアイデアのみを継承し、かつオリジナリティを十分に付加して原典を凌駕する制作物をつくるのはどうか。**これなら権利侵害も起こさず、関係者のニーズにも応えることができる。著作権の知識と、何より創作のセンスと能力が必要だが、その高みを目指したい。

# 069

# クライアントからクレーム対応を要求される……

# クレーム対応は「一蓮托生」。キッパリ断ろう

　企業から押し付けられる契約には一方的な内容が少なくないが、中でも「成果物が知的財産権侵害をしていないことを保証しろ」「トラブルがあったら全責任を取れ」という条項に抵抗感を覚える受託者は多いことだろう。

　だがこの内、著作権の非侵害保証については合理的といえる。特許権などと異なり、世の著作物はその内容が公的機関等に登録されていないため、クライアントは成果物について侵害の有無を客観的に調査することができない。一方で、著作権侵害が成立するには、元の作品を知っており、それに基づいて制作したという事実（「依拠」という）が必要だ（偶然の一致は侵害にならない）。**つまり著作権侵害をしたかどうかは制作者本人にしか分からない。言い換えれば、非侵害を保証できるのは制作者本人だけなのである。**

　一方、「トラブルがあったときの全責任の押し付け」はいただけない。中には平気で以下のような契約条項を提示してくる企業がある。

　「乙（受託者）は甲（クライアント）に対し、成果物が第三者

の知的財産権を侵害せず、かつ**社会的に非難されるおそれがないことを保証し**、万が一、甲が第三者から成果物についてクレーム、請求、訴訟等を受けた場合、すべて乙の費用と責任において対応し、**甲に一切の迷惑をかけない**」

　こんなものを受け入れたら大変だ。なぜなら、**何らやましいことがなくとも言いがかりを受けたり、トラブルに巻き込まれることはあるからだ。**そんなことは予想できないし、予想もできないことに責任を負えるわけがない。そう言ってはっきりと拒絶しよう。法的に著作権侵害がないことの保証までがせいぜいである。

　だいたい、仮にこのような契約を締結しても現実にはほぼ意味がない。まず、ここまで一方的な内容を、取引関係上の優越的地位を利用して押し付けた場合、独占禁止法が禁じる優越的地位の濫用にあたる可能性があり[1]、押し付けた側が法的責任を問われ得る。

　しかも「全責任の押し付け」など、実際には運用できないのだ。少し想像すれば分かるが、いざクライアントが自社商品や広告にクレームを受けたときに「ウチには一切責任がないんで。全責任は外注先の○○が取るので、そちらへ言って下さい」なんて対応が取れるわけがない。「お前のところの商品だろ！」とより怒らせるだけである。

　**成果物に権利トラブルがあれば、多くの場合、クライアントと受託者は一蓮托生で、協力して問題解決にあたらなければならない。**たとえ契約書がどうなっていようと、一方に全責任を押し付けることなど、現実には不可能なのである。

---

＊1　独占禁止法第2条9項5号ロ

# 070

# 不合理な取引条件を「業界慣習」だと言われたら？

# 「慣習」「常識」「当たり前」と言われたら疑おう

　新規で取引する会社や業界との仕事で、一方的にこちらに不利な条件を提示されることがある。例えば著作権の無償譲渡、無条件・無期限の独占ライセンス、低廉な対価、著作者人格権の不行使などだ。こうした条件に「何とかなりませんか？」と伝えても、「業界慣習ですから」「皆さんこの条件で契約してますから」などと言われて渋々と契約書に判を押している人は少なくないだろう。

　だが「業界慣習」という言葉に簡単に丸め込まれるのは損である。内心イヤだと思いながら渋々承諾すると、次は「前回と同条件でヨロシク」などと言われてさらに断りにくくなる。ここは踏ん張りどころだ。

　そもそも「慣習」というからには、関係者全体がそれをある種の規範として認識し、尊重していることが必要である。一方が商取引上の優位な立場を利用して、もう片方に不利益を強いる取引の在り方は、単に相手が「仕方なく」受け入れているだけであり、慣習ではない。**相手から「慣習」「常識」「当たり前」などというキーワードが飛び出したら「そんなものか」と流されずに、**

**まずは疑ってかかった方がよい。**

　かえって、優越的地位の濫用と評価できれば独占禁止法違反になり、また条件によっては下請法違反になる。本当に困ったらこうした法律を頼りに反撃しなければならないが、穏当に解決するにはどうすればよいか。

　**「業界慣習」の認識で条件提示する人は、実は何も考えていないことが多い。単に当たり前だと思い込んでおり、相手にどんな不利益があるかなど想像すらしていない**。だから、まずはその条件の不合理性を理詰めで丁寧に説明して、理解を求めることが有効だ。

　著作権の譲渡が問題であれば、「この事業スキームなら、わざわざ著作権を譲渡しなくても（例えばライセンスでも）貴社が困ることはない」「譲渡するとこちらはこんな困り事がある」といった説得が考えられる。

　このとき大事なのは、常に冷静に取引全体を客観視することだ。一方的な条件を突き付けられて頭に血が上るかもしれないが、述べたように、多くの場合相手は何も考えておらず、別にこちらを陥れようという意図はない。そこにケンカ腰で接すると相手も態度を硬化させる可能性があり、得策ではない。

　むしろこちら側も、**結論ありきで意固地にならずに、「本当に譲渡は一切あり得ないか？」と自問しながら交渉に臨みたい**。対価の上乗せや継続発注を条件にするなら譲渡してもいいかもしれないし、一定期間経過後に返還を受ける時限譲渡という方法もある。譲渡はしたくないが独占ライセンスなら妥協できるという考えもある。こうして、双方がお互いの事情に配慮しながら妥結点を見出していくのが「交渉」なのだ。

# 071

# 納品デザインが別の何かに似ているが大丈夫?

# 契約上の責任にかかわらず、丁寧に確認しよう

　外部のデザイナーにイラストやデザインの制作業務を委託した。いざ納品を受けてみたら、どうもどこかで見たことがあるような、何かに似ているような気がする……これ、このまま採用して大丈夫だろうか。

　そんな漠然とした不安を抱いたとき、無責任なアドバイスをされることがある。「業務委託契約書で、著作権侵害があったときの責任をデザイナーに転嫁しておけば、万が一何かあっても大丈夫だよ」と。

　しかしそれでは見通しが甘い。**自社商品や広告に著作権侵害の疑義が生じた場合、矢面に立って権利者とのトラブルに対応し、消費者からの視線に向き合うのはクライアントの方である。** 069 にも書いたが、現実問題として「著作権侵害のクレームならデザイナーに言って下さい。ウチは関係ないんで商品は売り続けます」などと言えるはずがないのだ。契約がどうあれ、外注デザインが著作権法上問題ないかどうかについては、クライアント側も重々注意を払わなければならない。

　したがって、成果物に著作権上の疑問を抱いたら、率直にデザイナーに尋ねるべきだ。ただし、相手との関係や状況にもよるが、本人が「疑われている、責められている」と感じる問い詰め方は避けるべきである。もとより、創作に際して既存の著作物を参考にすること自体は問題がない。そこを責めるような口調で迫れば関係性が悪化するかもしれない。ともすると「咎<ruby>咎<rt>とが</rt></ruby>められるのが嫌だから参考にしたことを黙っておこう」という発想にもなりかねない。**余計な戸惑いを与えないように、「何かに似ているような気がするんですけど、何か参考にしたものとかってありますか？」程度のサラッとした聞き方がよいだろう。**

　その結果「参考にしたものがある」ということであれば、先行著作物と比較して、著作権上問題があるか、修正の必要があるかを検討し、デザイナーと話し合えばよいのだ。

　なお、デザイナーから「参考にはしたが、著作権者から許諾を得た」「フリー素材を使っただけ」などと言われることもときどきあるが、だからといって安心するのは早計だ。許諾を得た相手は本当に著作権者なのか？　書面で合意を得たのか？　フリー素材の利用条件はきちんと確認したのか？　気にすべき点は多い。よくよく聞けばそれらの確認が不十分だった、ということもあり得る。**頭ごなしに疑うのはよくないが、同時に確認を怠らないようにしよう。**

　代理店や外注などを活用して、関わる人間が多ければ多いほど、個々の責任感は希薄になりがちだ。しかし実際に成果物を利用するクライアントこそ、リスク管理をおろそかにしてはいけないのだ。

# 072

# 自社の過去の著作物を流用して制作しても問題ない?

# 利用制限がないか、過去の契約書を確認しよう

　クライアントから著作物制作の依頼を受けたが、どうしても良い案が思いつかない。そこでふと思い出す。そうだ、三年前に別のクライアントのために制作した著作物が、今回の企画のコンセプトにも合っている。これを少し手直しして納品してしまえばいいのではないか。新たに制作する工数もかからないし、過去の自分に感謝だな。――このように、自らの過去実績を流用して著作物を制作することに問題はあるだろうか。

　自身が著作権を保有している以上、それをどのように利用しようとも自由である。したがって原則として問題はない。**ただしビジネスシーンにおいては、しばしば取引契約によって著作権が移転していたり、著作物の利用が制限されていることがある。**過去の著作物を流用したいなら、その著作物にまつわる契約を改めて確認することは必須だ。

　例えば以前のクライアントとの間で締結した契約で、納品した成果物の著作権が譲渡されていないだろうか。業務委託料に関する条項ばかりに目がいって、著作権の処遇をあまり気にしていな

いと、**このような契約を締結していたことをすっかり忘れている
ことがある**。もし譲渡してしまっていたら、元・著作権者（著作
者）といえども、もはや今の著作権者の許諾なしには著作物の利
用ができない。

　採用された成果物ではなく、そのときボツになった成果物なら
流用できる可能性がある。**ただし契約書上、クラアントに提案し
た著作物は、最終的に採用されなくても「成果物」として扱われ
ていることがあるし**、あるいは請負業務の過程で創作された著作
物の著作権まで譲渡対象となっている契約書もあり得る。

　また、著作権の譲渡はなくとも、以前のクライアントに対する
"独占"利用許諾が定められていることも少なくない。この場
合、契約期間中は、著作権者といえども重ねて他者に利用許諾で
きないため、流用はやはり不可である。


　もっとも、これらのような契約上の制限があることが分かって
も、必ずしもそこで諦める必要はない。以前のクライアントと交
渉し、契約の変更や解除によって解決できることも少なくないの
だ。取引から時間が経っていれば、クライアントとしてもその成
果物の独占に固執する事情がなくなっている可能性は十分あるだ
ろう。

　なお、逆に契約上の制限がなければ、以前のクライアントに遠
慮して自己の著作物の流用を躊躇する必要性は、少なくとも法律
上はない。クライアントや初出媒体が、契約もなしにあたかも成
果物の利用権を独占しているかのようにふるまうこともあるが、
勘違いに過ぎない。

# 073

# 業務請負先が途中降板！
# 別の業者に引き継がせていい？

# 未完成作品も著作物。
# 事前承諾を得るのが鉄則

　広告やイラストなど著作物の制作を外注していたが、その委託先が途中降板することがある。人手不足や病気など受託先の事情もあれば、予定していたギャラが確保できなくなったなどクライアント側の事情もある。途中経過の出来高がイマイチだったので取引を打ち切るということもあろう。

　こんなとき、委託先が途中まで制作した未完成作品をもとに、別の業者に作業を引き継がせたり、自社で引き継いで完成させたりしてもよいのだろうか。残念ながらほとんどの場合、著作権侵害になりダメである。最初の委託先に無断での引き継ぎは避けるべきだ。

　しばしば誤解されるが、**作品としては未完成だったとしても、著作物として成立していればその時点で著作権は発生する**。書きかけの原稿、漫画のネーム（下描き）、ラフスケッチ、すべて著作物である。さらにこれを無断で完成させれば著作者の意に反した改変となり、同一性保持権侵害にもなる（➡ 067）。「未完成交響曲」を誰かが勝手に完成させたら、天国のシューベルトも怒るだろう（著作権は切れているが）。

　著作物の制作を他社に引き継がせる場合は、当初の委託先に承諾を得たうえで、**原作者や共同著作者といった立場を与え、途中経過の出来高に応じた報酬も支払うべきである。**

　一方で、未完成の著作物からアイデアだけを抽出し、別物の著作物として新たに制作したり、そもそも出来高がアイデアレベルで著作物に至っていない場合は、これを流用しても著作権侵害にはならない。もっとも、アイデアの流用か著作物の流用かは見解の相違が起こりやすい。当初の委託先との良好な関係を維持するという観点からは、やはり他社で引き継ぐことについて了承を得るとともに、著作権の扱いについても合意しておく方がよいだろう。望ましくは、法的には著作物の流用にあたらない以上、**完成品について「貴社には著作権が生じない」ことを、あらかじめ相互に確認する形で合意をしておきたい。**

　当初の委託先と連絡がつかない、トラブルになって取りつく島がない。そのような場合は、リスク回避を重視するならば一から作り直した方がよい。リスク織り込みでアイデアを流用するなら、後々クレームが来てもしっかりと正当性を説明できるよう、法的に隙のない範囲を慎重に見極めて流用しよう。

# 074

## 「なあなあ」で著作物を
## 利用していたらクレームが……

# ポイントは黙示の利用許諾
# があったと言えるか

　取引先と著作物のやり取りをする場合、著作権の帰属をあらかじめ明確に合意しておくことが望ましい。しかし、現実には契約書などを締結せずに「なあなあ」でやり過ごされていることも珍しくない。それでも関係が良好なうちはあまり問題にならないだろう。

　だが、何かのきっかけで関係性が悪化したとき、取引相手の著作権者が、過去にさかのぼって著作物の利用行為にクレームをつけてくることがある。例えば業務委託を打ち切られたイラストレーターから「長年、貴社のウェブサイトに私のイラストが掲載されているが、対価をもらったことがない。過去にさかのぼって利用料を払え」などと要求された場合、どうすればよいのだろうか。

　「今になってそんなことを言われても……」と困惑するが、契約書などによる明確な合意がないと、無断利用といわれればそうかもしれないとも思う。だが、この場合の法的に**妥当な落としどころは「利用料を支払う必要はないが、これ以上利用もできない」**だろう。

　なぜならば、そのイラストレーターは、取引関係上ウェブサイトに自分の著作物が掲載されていることをずっと知っていたはずであり、その間に対価の要求など異議を申し立てていなかったことから、**明示はしていなかったにせよ、黙示的に使用許諾の合意があったと考えるのが自然だからである**。少なくとも過去の利用は、合意に基づく利用とみるべきだ。

　そして経緯からすれば、イラストレーターは契約関係が終了したことをきっかけにその許諾合意を撤回しようとしている（以後利用するなら利用料の支払いを要求している）とみるべきで、そうである以上、以後の利用ができなくなるのは仕方ないだろう。

　**契約書がなくとも、状況証拠から合意の成立が推認できることはある**。「実は著作権者が気付かないように使われていた」「実は著作権者は不満を伝えていた」など、推認を覆す状況証拠が出てくれば別だが、取引相手が自分の著作物を利用しているのを知りながら漫然とその状況を受け入れていたのであれば、「利用許諾はあった」と見なすべきだろう（逆にいえば、取引先が自分の著作物を意に沿わない形で利用しているのに気づいたら、黙認せずに指摘すべきである）。

　一方、利用し続けたい利用者側が「永続的な利用許諾の合意があった」「著作権譲渡の合意があった」とまで主張することもあるが、これは調子に乗り過ぎであり、簡単には認められない。著作物が利用されているのを知りながら漫然と放置していたという事実のみからうかがえるのは、その時点までの黙示の利用許諾がせいぜいである。「これからは使わないでほしい」と言われたら、おとなしくそこで止めるしかないのだ。

# 075

# 著作権の譲渡を
# 受けるときの作法は？

# 「全部譲渡必須」の
# 発想から脱却しよう

　業務委託先が制作した著作物について、クライアントの立場で譲渡を受けようとするとき、留意すべき点は何か。まず、そもそも譲渡を受ける必要があるのかを考えよう。当たり前のように譲渡を要求する企業は少なくないが、**むやみに相手の財産を奪おうとすれば関係はギクシャクする**。大御所の漫画家に仕事を依頼しておきながら、下請け取引と同じノリで平然と著作権の譲渡契約書を提示して激怒させた、なんて話も聞かれるくらいだ。

　大まかにいえば、クライアントが自社事業と強固に結び付け、多くの場面で長期にわたり利用する著作物、例えば企業ロゴマーク、商品パッケージ、ウェブサイト、企業や自治体のマスコットキャラクターなどは、クライアントの自由意志による円滑利用のために著作権譲渡が妥当である。一方、自社事業とは区別して把握され、利用場面も限定的な著作物、例えば広告に使うイラスト、社内報に掲載するコラムなどは、利用許諾で事足りるだろう。利用許諾と譲渡の違いは、譲渡を受ければ自身が著作権者になるので、**元の権利者には一切の確認を取らずして、自身の利用だけでなく、第三者への利用許諾や、無断利用への権利行使も可**

**能になるということだ。**

　なお、著作権は一部を譲渡対象とすることもできる。すなわち「劇場用映画化権だけ」など内容・用途別の譲渡、「米国における著作権だけ」といった場所別の譲渡、また「5年間」などの時限譲渡も可能である。例えば地上波における放送権はTBSに10年、国内のネット配信権はU-NEXT、米国のネット配信権はNetflixに各3年ずつ、といったフレキシブルな譲渡を繰り返して収益を最大化する著作権者もいる。

　譲渡契約を締結するときの注意点は2点。まず翻案権と二次的著作物に関する権利の扱いだ。この2つは契約において譲渡を特掲しなければ、法的には元の著作権者に留保すると推定される[1]。**翻案や二次著作物としての利用を想定するなら、単に「一切の著作権を譲渡する」との合意では足りないのだ。**実務上は、契約書に「一切の著作権（著作権法第27条、28条の権利を含む）を譲渡する」などと書くことで手当てすることが多い。

　もうひとつは著作者人格権の扱いだ。作品の改変に関する権利（同一性保持権）、著作者名を表示する権利（氏名表示権）など、作家の精神を保護する権利の総体だが、これは法律上、譲渡できない。クライアントが著作物の改変を行ったり、著者名表示を自由に決定する必要がある場合は「著作者人格権の不行使合意」を検討すべきである。

---

＊1　著作権法第61条2項（なお27条は翻案権、28条は二次的著作物に関する権利）。

# 076

# デザイナーを雇えば
# 会社の著作物にできる?

# 実質的に雇用といえる
# 関係性があるかがポイント

　著作物の制作を外注した場合、その著作権は実際に創作した受託者のものだ。もしクライアントが著作権を取得して自由利用したいなら、業務委託費を払って納品を受けるだけではなく、著作権の譲渡を受けなければならない。さらに、著作権譲渡を前提に発注するなら、それを発注時に明示しなければ下請法違反となる場合があるし、クライアントの優越的地位を利用して不当に低い譲渡対価を押し付ければ独占禁止法違反になる。著作者人格権の不行使を求めるかどうかも検討しなければならない。

　もしこうした作業を「面倒」だと思うのであれば、著作物制作の内製化で解決できる。従業員が職務上作成する著作物は、職務著作として会社の著作物になるからだ。といっても、営業マンや事務員が急にデザインやプログラミングができるようになるわけがないので、デザイナーやプログラマーを雇用しなければならない。しかし、人ひとり雇用する人件費や責任を思えばそう簡単には踏み切れまい。
　では、デザイナーをアルバイトとして短期雇用するのはどうだ

ろうか。これは使える手だ。**たとえ短期バイトでも、雇用関係の
もとで職務上作成した著作物は職務著作になる**。それどころか、
雇用契約がなくても実質的に会社の指揮監督下において職務上作
成された著作物だと客観的に判断できれば、職務著作になるので
ある[*1]。具体的には、従事者への対価が成果物ではなく労務に対
するものといえるか、勤怠や業務の管理体制、会社による指導や
評価の有無、作業場所や備品などを会社が提供しているかといっ
たさまざまな要素を考慮する。

　したがって、**デザイナーを例えば派遣社員、インターン、ボラ
ンティアといった立場で指揮監督下においていたとしても職務著
作になり得る**。しかし実務的には、当事者間で誤解が生じること
を避けるために、職務において創作した著作物は職務著作になる
旨、本人に説明し理解を得ることが必要だろう。

　逆にいえば、**実質的には指揮監督の関係になく外注に過ぎない
のに、クライアントが成果物を職務著作にしたいがために、名目
的な雇用契約によって見せかけの雇用関係をつくるような場合、
職務著作にはならないということだ**。デザイナーにしてみれば、
雇用関係となったが最後、著作権をクライアントに吸い取られる
不利益をこうむる。短期間でも雇用責任を果たす気概があり、従
業員としての待遇で迎える体制を整えるならよいが、だますよう
なことをすれば早晩トラブルになるだろう。

---

＊1　最高裁第二小法廷平成13年（受）216号「RGBアドベンチャー事件」

# 077

# 企画の売り込みが来た！
# 著作権上の注意点は？

# 断った後で類似企画を
# 採用したときを想定する

　漫画原稿やシナリオ、商品アイデアなど、第三者から自社に企画の売り込みが寄せられることがある。代理店や代行業者を介すこともあれば、個人が直接営業してくることもある。このとき、著作権の観点で注意すべきことはあるか。

　売り込み企画を採用するなら、第三者の著作権を侵害していないかどうかに一定の気配りが必要だ。外注制作などでも同じだが、**売り込みの場合には、信用がまだ構築されていない点を考慮してより慎重になった方がよい。**露骨に疑うのもよくないが、企画経緯や、第三者に権利を譲渡等していないかなどをさりげなく確認し、不自然な点があれば採用を見合わせたり、「第三者の著作権を侵害しないことを保証する」旨の書類に一筆もらうくらいの自衛策はあってもよいだろう。

　売り込みを断る場合にも留意すべきことがある。**断った後で、売り込みを受けた担当者とは別の担当者が、偶然に似た企画を考案して社内で通してしまい、売り込み主が著作権侵害や企画盗用を疑ってクレームを入れてくることがあるのだ。**

　だが、事実として盗用しておらず、偶然の類似に過ぎなければ著作権侵害ではない。そもそも客観的に見れば本人が思うほど似ていないことも多い。しかし、売り込み主の主観としては盗用に見えてしまうことも想像できる。

　偶然の類似は防ぎようがなく、道義面も含めて落ち度はない。そうである以上は負い目を感じたり、過剰に配慮する必要はないだろう。「企画経緯に不正がないこと」「法的な問題がないこと」の2点を丁寧に説明すれば誠意としては十分だ。ただし、相手の頭に血が上っており簡単には納得しない可能性もある。その場合、こちらの正当性に加えて、両企画の相違点を事細かに整理して伝えてあげるとよい。要は「**似ているとおっしゃいますが、違うところがこのようにたくさんある別物であり、あなたが怒るほど、あなたにもあなたの企画にとっても何の不利益もない**」ことを理解してもらうのだ。

　感情的になっている人を冷静にさせるには、実際的な不利益が存在しないことの丁寧な説明が奏功する。「**冷静に考えれば怒るようなことではない**」と気付かせることができれば人は怒りを収めるのだ。


　なお、このようなトラブルのリスクをゼロにしたければ、企画売り込みを一切受け付けない方針を採るしかない。郵送されても開封せず返送もしくは廃棄だ。この手のトラブルが少なくないゲーム会社などでは、そうしたスタンスをあらかじめ表明していることも珍しくない。

# 078

# 一般公募で応募者と著作権で揉めないためには?

# 応募作品の著作権の帰属を あらかじめ明確に

　キャッチコピー、標語、キャラクターデザイン、ロゴマークの デザイン、PR動画やテーマ曲などを一般公募することがある。 消費者参加型の楽しい企画だが、応募者との間で著作権トラブル を起こさないようにしなければならない。

　**まず大事なのは著作権の帰属を曖昧にしないことだ**。主催者が 利用するには、応募作品の著作権について応募者から譲渡を受け るか、利用許諾を得る必要がある。ところが、**しばしば何も決め ずに選考、採用してしまい、当事者間の認識に食い違いが生じて いることがある**。何も決めていなければ、著作権は応募者に帰属 したままだ。それなのに、主催者があたかも自分に著作権がある かのようにふるまえば、トラブルは必至。あらかじめ応募要項な どによって、著作権の帰属を合意しておこう。

　**譲渡と利用許諾はどちらがよいか**。譲渡のメリットは、自己の 著作物と同等に自由利用することができるようになる点だ。デメ リットは、応募者からすれば譲渡に抵抗を覚えるむきがあり、作 品が集まりにくい可能性もあることだ。権威のあるコンテスト

や、豪華賞品・賞金などの何らかのインセンティブがあればよいが、特段の見返りなく作品の著作権をすべて譲渡せよというのは虫の良い話ともいえる。 **075** を参考に、著作権の一部譲渡、時限譲渡なども検討しよう。

　利用許諾の場合、同意を得た範囲内で自由に利用できる。例えば「当社の新商品『おいしいお茶』のパッケージ及び本商品に関するあらゆる媒体での宣伝広告に利用する権利を許諾する」といった合意が考えられる。このように特定範囲のみでの利用が前提の企画なら、利用許諾の方が適していそうだ。応募者の抵抗感も少ないだろう。

　デメリットとしては、長期にわたり、さまざまな利用形態が想定される企画には向かないことだ。具体例を挙げれば、企業や自治体のマスコットなどはミスマッチだろう。また、あくまで利用許諾なので、著作権者たる応募者自身も主催者と並行して利用することができるし、別の第三者にも利用許諾させることも可能である。これを制限したいのであれば、やはり一定範囲で譲渡を受ける方がよいだろう。

　なお、こうした著作権のクリアランスを、「応募作品すべて」を対象とするか「採用作品のみ」を対象とするかという問題もある。少なくとも著作権譲渡を受けるなら、採用作品のみを対象とするのが妥当である。応募作品すべてについてあらかじめ著作権の譲渡を受けてしまうと、不採用となった作品は、主催者が利用しないにもかかわらず、応募者も利用できなくなり、作品が死蔵となってしまう。応募者にとって酷である。

# 079

# 一般公募で権利侵害作品の応募を防ぐには?

# 応募者が自ら責任感を
# 持てるように工夫しよう

　著作物の一般公募を企画する際にもうひとつ心配なのは、応募者が第三者の著作権を侵害した作品を提出して、採用した主催者がクレームを受けないかという問題である。

　公募作品で、わざわざ盗作をする厚顔な人は少ないと信じたい。しかし、当人に悪気がなくとも著作権侵害をしてしまうことはある。フリー素材だと思って取り入れた素材が実は「フリー」ではなかった。参考にした程度で問題ないと自認していたが客観的には一線を越えていた。すでに別の公募やコンテストに応募して第三者に著作権を譲渡している作品をうっかり応募してしまうこともあるだろう。主催者としても、権利侵害作品を採用してしまわないように注意を払わなければならない。

　**基本動作としては、応募要項で第三者の著作権を侵害しないことを条件として提示することだ。**

　一方で、抽象的な侵害リスクを忌避するあまり、過剰な応募条件を課すのも考えものだ。「似てる／似てない」のトラブルを嫌気して、「第三者の作品に類似するおそれのある作品は応募でき

ません」といった抽象的で曖昧な条件を課してしまうことがある。しかしこれは、**どこまで似ていれば「類似のおそれ」があるといえるのか客観的な指標がなく、真面目に応募条件と向き合う人ほど応募を躊躇してしまう。**

　また「権利侵害が発覚した場合主催者は一切の責任を負わず、すべて応募者が対処する」などと責任を押しつける応募規約も見受けられるが、これもおすすめできない。現実問題として、**主催企業が一個人に苦情や賠償などの権利侵害トラブルを押しつけて知らぬ存ぜぬを決め込むことは、道義的に困難であり実効性がない。加えて応募者を委縮させるおそれがあり、興醒めをも招く。**

　応募者が自ら責任感を持ち、自主的に第三者の権利侵害をしないように気をつけてくれればいいのだが、それを促すための工夫として、**応募者自身が公開した作品を審査する**という方法がある。つまり応募作品を、例えばYouTubeやpixivなどのネット上のプラットフォームに公開形式で投稿してもらい、それを審査するのだ。この場合、作品を一次公表するのは応募者自身なので、そこに著作権侵害があれば当然自己責任である。応募作品が公に可視化されることで審査の透明化につながるという利点もあり、実はおススメだ。

# 080

## 「念のため」に許諾を求めたら 断られてしまった……

# 「では適法な範囲で使わせて いただきます」でよし

　著作物の引用や、軽微な写り込み、パブリシティ権を侵害しない態様での有名人の氏名の使用、商標としての使用にあたらない登録商標の使用……いずれも法的には許諾不要で実施できるものだが、トラブルを避けるために「念のため」に許諾を得ておく、という実務をしている企業は少なくない。その結果、快諾を得られればよいのだが、断られてしまったらどうすればいいのだろうか。**まずハッキリいっておきたいのは、断られたときにどうすればいいかと悩むくらいだったら「念のための確認」などすべきではない**、ということである。

　法的には問題はなくとも権利者が快く思っているとは限らない。これは真理である。そこで「法的な正しさ」と「権利者の心情」を天秤にかけて、後者の方を重視すべきだと判断したときに「念のための確認」は奏功するのだ。

　例えば、権利者が重要な取引先だったり、親交のある間柄なら、良好な関係を保つために相手方の心情を慮る必要がある。あるいは、重要なクライアントからの請負仕事などで傷ひとつ負

いたくない、クレームすら受けたくないという事情があるのであれば、トラブル回避のために権利者に最大限の配慮をした方がよいだろう。

このような場合に「念のための確認」をして断られたのなら、かえって安心しなければおかしい。良好な人間関係の維持やトラブル回避を重視した以上、「あぁ、念のため確認しておいてよかった。じゃあ怒らせないように止めておこう」と思わなければウソである。

断られて「じゃあどうしよう」と迷っているということは、「法的な正しさ」よりも「権利者の心情」を重視する理由がそもそもなかったのである。だったら最初から確認する必要などなかった。あるいは法的検討が不十分なまま「なんだか不安だから聞いてしまえ」と当たって砕けたのかもしれない。**しかし、法的解釈が不安なのであれば、確認の相手は権利者ではなく第三者の弁護士などであるべきだ。よほど善人でなければ、権利者は自分がイヤだったらグレーでも白でもダメと言うに決まっている**、と思った方がいい。

ただし、断られて「聞かなきゃよかった、ヤブヘビだった……」と後悔してから形勢を覆す魔法の言葉がある。**「承知いたしました。では合法な範囲での利用を検討することにいたします」**などと宣言しておけばよいのだ。これに権利者が反論するのは難しい。改めてきちんと法的検討をして、引用などの合法なやり方で利用すれば、たとえ権利者の意に沿わなくても、合法である以上、正当な文句はつけられないのである。

# 081

# 「念のため」で確認を求められたらどう対応すべき?

# 「ご自身でご判断下さい」と突き放そう

前項とは逆に、著作権者の立場で、赤の他人や取引先から「念のため」の確認依頼を受けることがある。「多分権利侵害にはならないと思うのですが……念のためご連絡しました」「御社の著作物に似ているかもしれないのですが、問題ないか確認していただけますか?」などと言われるのである。

一見、丁寧で慎重な問い合わせに思えるが、背景には不安の解消やトラブル回避のために言質を取っておきたいという目論見がある。**おそらく企画を進めていくうちに、社内の関係者や第三者から「これって権利侵害にならない? 大丈夫?」などと指摘されたのであろう。**それが透けて見えると権利者としては疎ましく感じることもあるが、どのように応じるのがよいのだろうか。

明らかに許諾が必要な(無断で実施すれば著作権侵害になる)問い合わせでなら対応は分かりやすい。その場で断るか、許諾すればよいだろう。では法的評価が容易でなかったり(いわゆるグレー)、法的には許諾不要と思われる問い合わせだったらどうするか。もしあなたが善人で、法的にも心情的にも事業判断として

も、問題視する余地がなければ「どうぞご自由に」と正式に許諾してあげれば親切だろう。

　問題は正式に許諾することが憚（はばか）られる場合である。例えば「YouTube チャンネルでネタにしていいですか？」など、**規模によっては積極的に問題視しないがお墨付きは与えたくないシチュエーションは少なくない**。こういう場合、安易に「別にいいですよ」などと返答することには慎重になった方がよい。

　なぜならば、**権利者は親切心から消極的に容認しただけなのに、質問者が「正式に許諾を得た」と思い込み、無遠慮な態様で利用したり、対外的に「公認」「正式許諾済み」などと喧伝することさえあるからだ**。さらにそれを見た第三者が「それならウチも」と便乗するリスクもある。

　では一律的に断ればいいかというと、そうでもない。そうすると質問者が「じゃあどうすればいいですか？」「どのくらい変えればいいですか？」「本当に権利侵害になるんですか？」などと食い下がってくることがある。これは面倒だ。

　というわけで、この場合に**最も推奨できる対応は「ノーコメント」である**。著作権者だからといって、すべての問い合わせに対して判断する義務はない。といっても無視はさすがに野暮なので、「弊社では他所様での利用態様の適法性については判断しかねますので、ご自身で弁護士などにご相談のうえ、ご判断下さいませ」程度の突き放し方が妥当だろう。こうすれば、正式に許諾したと誤解されることも、やんわり断ってしつこく付きまとわれることもなくなるのである。

# 082

## 法的には許諾不要でも「皆が許諾を得ている」なら取るべき?

# 「本来は許諾不要」と分かったうえで検討しよう

　著作権法と商取引の実際は、必ずしも一致しないことがある。著作権の切れた美術品は本来自由に複製できるが、所蔵する美術館や寺院などに許諾を求める人が少なくない。著作権が切れた映画は自由に配信やソフト化できるが、大手の配信サイトやソフト会社はディズニーの古い映画をなかなかリリースしない。

　なぜ、このようなことが起こるのか?　ひとつには実利的な理由がある。例えば著作権の切れた美術品や映画でも、高解像度・高画質での利用にこだわるなら、ネット上から拾ってくるというわけにはいかず、原作品やフィルムの所有者の協力が必要である。あるいは、**たとえ元権利者や関係者に過ぎなくても「公式」「公認」の権威付けが商品価値を高めることもある**。ディズニーのロゴが入っていないパブリックドメインDVDとロゴ入り公式DVDとでは、やはり明らかに商品価値が違う。こうした事情があれば、著作権の有無にかかわらず関係者の許諾を得ることに合理性があるだろう（もっと正確にいえば、これらは著作権に基づく許諾ではない）。

　一方、単なる義務感や業界慣例として関係者の許諾を得るケースもある。波風を立てないことや礼儀を重視するなら、それは悪いことではない。**問題は、許諾の申し入れを受ける側がそれを「当然の権利」だと勘違いすることがしばしばあることだ。** これが原因でトラブルになることは多いが、その際、本来は許諾不要であることが分かっていないと、丸め込まれて損をする。

　裁判では「業界慣例」がよく覆されている。例えば「漫画のコマを引用する際には出版社や作者の許諾が必要」「歴史的に貴重な美術品の写真を利用するには所有者の許諾が必要」「テレビCM原版のプリント業務は、オリジナルの制作会社に継続発注しなければならない」。いずれも、業界ではまことしやかに語られる慣例だが、これらを否定した裁判例はよく知られている[*1]。

　**もし慣例や礼儀を重んじるとしても、本当は許諾不要だと分かったうえで相手に向き合えば、何の権利も持たない相手に主導権を握られることはない。** もし想定外の対価や条件を要求されれば毅然と拒否することができるし、利用を断られれば「ではこちらで判断させていただきますね」と、"礼儀正しく"宣言したうえで利用することもできるのだ。

---

[*1]　東京高裁平成11年（ネ）4783号「脱ゴーマニズム宣言事件」、最高裁第二小法廷昭和58年（オ）171号「顔真卿自書建中告身帖事件」、知財高裁平成24年（ネ）10008号「ケーズデンキ、ブルボンCM事件」。

# 083

# メディアからの素材提供依頼に即答して大丈夫?

# 本当に自社が許諾権限を持っているか確認しよう

　テレビや雑誌、新聞、ウェブ媒体などのメディアから「御社の商品を紹介したいので素材を提供してほしい」などと言われることがある。宣伝になるのだから「どうぞどうぞ」と言いたいところだが、一定の注意も必要だ。

　**提供する素材について、すべて自社に許諾する権限があれば何も問題はないのだが、そうではない場合も少なくない。**例えば出版社に対し、テレビ局からその出版社から刊行されている漫画のコマを放送したいという要望があれば、**出版社の一存で「どうぞ」というわけにはいかない。著作権は漫画家にあるからだ。**したがって、漫画家（著作権者）に了承を得てから利用許諾を出さなければならない（漫画家が出版社に対し、契約書などであらかじめ二次利用について許諾する権限を与えている場合もある）。

　困るのは、例えば古い広告など、もはや誰が著作権者なのか分からなくなっている素材を使わせてほしいという依頼が来たときだ。契約書なども残っておらず、それどころかどこの制作会社が作ったのかすら記録がないことも珍しくない。こうなると、自社としては「ぜひ使ってほしい」「使ってもらっても構わない」と

思っていたとしても、自信を持って許諾を出すことができない。

　このような場合にはどう対応すればよいのだろうか。もちろん単純にお断りしてもよいのだが、**「当社としては使って頂いて構わないのですが、実は権利関係が曖昧で、他に権利者がいる可能性があります」**と率直に伝えるのもよいだろう。広告代理店など、ある程度関係者が分かっているのであれば、そちらを紹介すれば親切である。あとはメディア側に他の権利者探しや交渉を任せてしまえばいいのだ。

　注意しなければならないのが、メディア側が利用許諾合意書に一筆求めてくる場合である。しれっと**「貴社は素材の利用許諾に必要な権限をすべて有しており、当社が第三者からクレームを受けた場合には対応する責任を負う」**などと書いてあることもあるのだ。必要な許諾権限を持っていないのに（持っているかどうか自分で分からないのに）、**このような書類にうっかりサインしてはならない。**

# 084

# 異業種コラボでコラボ先から商標登録を求められたら?

# した方がよいが、
# 相手に費用負担させる手も

　スイーツ店とアパレルメーカーがコラボしてスイーツブランドの洋服や、逆にアパレルブランドを冠したケーキを展開することがある。自動車がミニカーになったり、飲食店の味を再現したスナック菓子などもよくあるコラボだ。こうした異業種コラボは、うまくマッチすれば双方のブランド認知の裾野を広げる効果がある。

　その際、コラボ先から、コラボ分野での商標登録を求められることがある。通常、商標登録は自社の事業分野のみを対象にして行う。スイーツ店なら「菓子」「菓子の小売」「外食」といった事業分野を対象に自社ブランドを商標登録していれば十分だ。だがアパレルとコラボするなら、やはりアパレル分野での商標登録も必要だろうか。

　原則として、**商標登録がなければその分野での事業ができないというわけではないから、登録が必須とはいえない**。しかしコラボ先としては、万が一無関係の第三者が商標登録してしまって商標権を主張されると困るという事情から、商標登録を欲することがある。

　商標登録には、特許庁への公費や代理人手数料がかかるので、その費用負担を受け入れられるかがポイントになるだろう。ケースによるが10万弱〜2、30万円といったところだ。安くはないが、**異業種分野からコラボの引き合いがあるということは、その分野でも自社ブランドが価値を発揮することの証でもある**。コラボ分野に将来性を感じたなら、投資と思って商標登録に踏み切るのは一案だ。

　費用をかけてまで商標登録に興味がないもののコラボ先からの強い要望がある場合、**コラボ先に商標登録の費用を負担させてしまうという手も考えられる**。これは交渉次第で可能だろう。

　ただしその際注意すべきは、コラボ先に商標登録の名義を渡すのは避けるべきということだ。商標登録費用の負担を求めると**「なら、当社の名義で登録させてください」と言われることがあるが、安易に応じてはいけない**。なぜなら、商標権は更新し続ければ永久に権利が途切れないからである。

　その時点ではアパレル事業に興味がなくとも、将来には進出するかもしれないし、あるいは別の事業者からコラボの引き合いがあるかもしれない。そのときに最初のコラボ先が商標権者になっていると、彼らの許諾なしにはアパレル分野での事業展開や新たなコラボができなくなってしまうからだ。

　**どう見ても他人のブランドなのに、かつての取引先と思われる企業の名義で商標登録されたまま**というケースはときどき見受けられる。商標権を人質に取られないよう、費用は負担させても、商標登録名義は本来のブランドオーナーが死守すべきである。

# 085

# 取引先に著作権を
# 侵害されたらどうする?

## 「法」ではなく
## 「情」に訴えて解決しよう

　自身の利益を守るために、著作権侵害を見つけたら警告書を送りつけて止めさせる。悪質なら法的措置も辞さない。これが鉄則だ。しかし、どこの業界も世間は狭い。権利侵害をしている相手をよくよく確認すると、営業部の得意先だったり、他部署の協業先や提携先だったり、役員同士の仲が良かったりといった友好関係が存在することがある。

　例えば小売店が権利侵害をしていても、そこに商品を販売するメーカーは指摘しにくいし、メーカーが権利侵害をしていても、そこから仕事をもらう広告代理店は指摘しにくいのは当然だ。**ときどき、取引事情をよく知らない顧問弁護士や法務部がスタンドプレイで警告書を送りつけてしまい、営業担当者が謝罪する羽目になることも……**。

　このような場合、見て見ぬふりをするしかないのだろうか。基本的には、権利侵害を止めることで得られる利益と、取引先と気まずくなることで被る不利益とを天秤にかけての判断だ。一方、他でもないその取引関係を利用して、円満に権利侵害を是正させる方法もある。

　権利侵害を指摘する際の伝え方を工夫するのだ。いくら権利侵害だからといって、いかにも模倣業者を相手にするような居丈高な態度や、相手の気分を害す不躾な伝え方では、信頼関係にひびを入れることになる。**一方、「権利侵害の懸念があるので、対応を検討してもらえないでしょうか」などと丁寧な交渉を心がければ、相手もまた、取引先からの正当な指摘を冷たくあしらうことはできない。**少なくとも真っ向から反発したり、逆ギレして取引をすぐに打ち切るような態度は取りにくいはずだ。

　**このとき矢面に立つのは、弁護士や法務部などではなく、普段から顔を合わせている営業担当者や役員であることが望ましい。**むしろ法務部などは悪者に仕立て上げた方がいい。

　「いや〜法務の連中から言われてるんですが、御社の広告、ウチの著作権に引っかかってるらしくてですね……」「私としては、御社との関係悪化は避けたいんですよ……」「私の顔を立てると思って、対応を検討してもらえませんか？」

　このように「自分も板挟みになってツラいんだ……」といったニュアンスを醸し出すのである。取引相手にこうまで頭を下げられては、相手としても対応を検討せざるを得ないだろう。**友好関係が権利行使の足かせになりそうなときには、むしろその関係性を利用して、「法」ではなく「情」に訴えた泣き落とし戦術で相手を動かすのだ。**

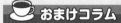 **おまけコラム**

# 結局、クライアントと著作権はどっちが強い？

　第4章のタイトルは「クライアントと著作権、強いのはどっち？」としたが、結局どちらが強いのか。取引優位性はときに法律をねじ曲げる。これが現実だ。直接の圧力がなくても弱い立場の側が忖度（そんたく）したり、報復を恐れて自らの権利を正当に行使できないこともある。

　一方、著作権者が「窮鼠猫を噛む（きゅうそ）」で権利を振り回すと強い。我が国は法治国家であり、最後に勝つのは法的な正しさを立証できる者なのだ。法令違反に対し社会から向けられる目も厳しい。とはいえ声高に権利主張して裁判で勝ったとしても、巨額の賠償金が得られる事案ならともかく、取引を打ち切られてしまっては元も子もない……ということも多いだろう。これでは双方痛み分けだ。

　そう考えると、どっちが強いかという視点は、いささか不毛に思えてくる。取引はケンカではない。共に手を取り合って事業を成し遂げる仲間として、全員が法令に則って事業を遂行することが基本だ。そこに逸脱した行為があれば、遠慮せずに指摘すべきである。ただし強硬に権利主張するのではなく、関係性に配慮しながらの駆け引きや交渉を心がけたい。そうでないと、収拾がつかなくなるおそれがある。そしてクライアントは、過ちがあれば真摯に受け止め、正すべきだ。取引優位性を盾にして権利侵害を続け、法律を歪めればやはり収拾がつかない。

　意見が対立した場合でも、お互いの立場に配慮しながら、前向きな解決を目指す。それが取引関係における正しい著作権の使い方であり、向き合い方ではないだろうか。

# 著作権トラブルを
# 知恵と勇気で
# 乗り切ろう！

できれば起きてほしくない著作権トラブル。
しかし、起きてしまった以上は向き合わな
ければならない。
侵害されたときにはどうすればよいか。そ
して侵害を疑われたときにはどうすればよ
いか。柔軟に頭を切り替えて立ち向かおう。

# 086

# 著作権侵害に気が付いたときの初動対応は?

# 着地点をイメージしたうえで交渉戦略を練ろう

　自社の著作物が無断利用され、著作権侵害の被害に遭っていることが分かった。こんなとき、冷静でいられなくなるのが人の性（さが）だが、被害にあったときこそ落ち着くことが大切だ。性急な行動はかえって不利益となる場合がある。

　まず検討すべきは、本当に侵害といえるかどうかである。一見侵害に見えても、引用その他の法定の権利制限事項に該当したり、アイデアやありふれた表現部分が共通しているだけに留まれば適法だ。冷静に見極めよう。

　著作権侵害と主張して差し支えないと判断したら、次にすべきはトラブルの着地点をイメージすることだ。利用料を徴収できればいいのか、商品等の出荷差止まで求めるのか。ネット上の問題なら削除させればいい場合もあるだろうし、次から気をつけてもらえるように注意だけに済ませることもあろう。悪質なので刑事罰を与えたいということもある。**自分がいったいどうしたいのか、内面と向き合い、また客観的にどこまで要求するのが妥当かを考えよう。**

　被害を受けた本人は客観的な視点を保てていないことも多い。しかし利用料ひとつとっても、怒りに任せて法外な金額を要求すれば相手も簡単には応じないし、裁判でも"法外"な賠償金は認容されない。逆に大きな損害を被っているのに「次から気をつけます」で済ませられれば損である。社外の弁護士など、第三者の視点と知見を借りることも大切だ。

　そして定めたゴールから逆算して初手を検討することになる。大半は、まずは警告書などを用いて当事者間での合意解決を目指すことになろう。目指すゴールよりも少し上のレベルの要求をして、落としどころを探っていくのがセオリーだ。その際、侵害の確度が高ければ強気に交渉することができるし、非侵害の可能性もあるなら、反論の有無など相手の出方を見ながら要求レベルを調整していくことになるだろう。

　**初動対応における禁じ手は、ネット上やプレスリリースなどで公に被害を告発することだ。**世論を味方につけて交渉を有利に進める算段なのだろうが、公に非難された以上、相手も自己の立場を守るために態度を硬化させる可能性がある。かえって解決は遠のくだろう。

　また、よほど慎重に調査・検証し権利侵害との確証がない限り、**こうした対外告発の方こそ、競業者への信用毀損行為として不正競争防止法違反や、競争者取引妨害行為として独占禁止法違反等に問われ得るということは理解しておかねばならない。**外野は巻き込まず当事者間での解決を目指し、解決できなければ法的措置に段階を上げるのがスマートである。

# 087

# 自分が著作権者だと
# どうやって証明する?

# 著作者表示と
# 「確からしさ」で押し切ろう

　著作権行使の際、自分が本当に著作権者だと証明しなければならないときがあるが、完全な証明は案外難しい。**実務上は一定の「確からしさ」があれば、権利主張をしている者が著作権者であろう、という前提で交渉や協議が進むことが多い。**

　例えば、ある会社が自社ホームページのコンテンツを無断利用された場合、その会社が著作権を主張すれば、疑問を呈されることはあまりない。YouTube や Twitter などの主要インターネットプラットフォームで著作権に基づく削除請求をするときは、自身が著作権者である旨の宣誓と、原著作物が掲載、紹介されたウェブサイトのリンクを貼る程度で、一応の著作権者として扱ってもらえる。**しかし、著作権侵害を主張された側が「本当に著作権者なのか?　証明せよ」と争ってくることもある。**その場合はどうするか。

　著作権法は、著作物の原作品や公衆への提示・提供の際に「著作者名」として表示された者を著作者と推定する、と規定している[*1]。つまり例えばイラスト上の作者のサイン、書籍の著者名、

あるいはテレビ番組のエンドクレジットに「制作・著作 NHK」などの表示があれば、法的にもその者を著作者と見なすということだ。「著作権者」ではなく「著作者」の推定だが、その「推定著作者」が他人に著作権を譲渡した証拠（契約書など）がない限り、著作権者の推定にもなるといえるだろう。したがって「**本当に著作権者なのか？**」と反論されたら、「**ここに著作者として私の名前が書いてあるのが証拠だ**」と言えばよい。

　ただし会社のホームページやカタログの写真など、いちいち著作者名を表示しない著作物も少なくなく、この場合は著作者が推定できない。**また著作者が推定できる場合もあくまで「推定」なので、紛争相手がこれを覆し得る証拠を出せば、推定が揺らぐことはある。**

　このような場合、創作プロセスを証明する資料、例えば草稿や企画書、創作や採用過程における関係者間のやり取り（メールなど）、写真であれば元の撮影データ、音楽であればデモテープなどを駆使して立証していくことになる。

　もっとも、当事者間交渉において、明らかに自分が著作権者だと確信できる事案で、相手が反証も示さずいつまでも「本当に著作権者なの？」と食い下がる場合、単に不誠実に話を引き延ばしている可能性がある。「そんなに疑うならもう法的措置を取ります」と言ってやろう。

---

＊1　著作権法第14条

# 088

## ネット上の著作権侵害者を特定するのが難しいときは？

# 特定に固執せず
# 削除を目指す方が合理的

　ネット上で著作権侵害の被害に遭う著作権者は多いが、侵害者が匿名ゆえ、警告書の送付などの典型的な対処が取りにくい。このような場合の法的手段として発信者情報開示請求がある。ただ、法整備により一昔前より簡便化されたものの、やはり時間やコストの面でハードルがある。

　被害が大きければ発信者を特定し法的責任を追及すべきだが、費用対効果や経済合理性を重視するビジネスシーンにおいては、**発信者の特定には固執せず、侵害情報を削除させる方に注力した方が合理的な場合もある。**

　具体的にはサイト運営者への削除請求だ。動画・画像投稿サイト、SNS、ECサイトと、さまざまなタイプのプラットフォームがあるが、大手であれば著作権等に基づく削除申立の仕組みを備えていることが多い。以前は削除申立をしてもなかなか対処されないという問題があったが、**今日においては、形式的、簡易的な検討を経て、疑いのあるものはひとまず削除という対応が主流になっている。**これは裁判例の積み重ねにより、プラットフォー

マー自身も著作権侵害を知りながら放置すれば、法的責任を問われ得ることが分かってきたからである。

　多くの場合、削除申立はウェブ上で完結するが、各社それぞれに所定の申請フォームがあり、段取りが決まっているので、慣れないうちは手間取ったり、形式的な不備で受理されないことも多い。そのため、この手続き自体をネット上の知財問題に詳しい弁護士に頼む権利者もいるが、慣れれば自分でもできるだろう。

　削除申立の仕組みが整っていないプラットフォームで、プラットフォーマーあるいは侵害者自身への連絡手段（ダイレクトメッセージ、メール、問い合わせフォームなど）があれば、そこに警告と削除要請のメッセージを送ってみよう。**素性の分からない相手に連絡するのはなんだか怖いが、意外と案ずるより産むが易しだ。**駐車禁止の場所に駐車している人も、咎められれば大抵すぐに車を移動させるように、著作権者から侵害行為の中止を求められれば、素直に応じる場合は多い。

　確信犯的に著作権侵害を行うサイトには、連絡先とともに「苦情や削除要請はこちらまで」といった文言が掲載されていることがある。この場合の削除成功率も比較的高い。わざわざこうした文言を掲載する背景には、**後ろめたさの自覚があることに加え、「連絡してもらえればすぐにやめるから、いきなり訴えたりしないで下さい」という請願の思惑もある。**逆にいえば「クレームがくるまでは続けよう」というスタンスの表明でもあり、その点では悪質だが、削除に応じやすい傾向があることも確かである。

# 089

## 実用品の模倣に対する
## 著作権の主張は難しい?

# ハードルは高い。
# 意匠権などの活用が吉

　著作権の保護対象となる著作物はイラストや文章などに限られず、「文芸、学術、美術又は音楽の範囲に属する」*¹ もの全般である。これらにはビジネス文書やプログラム、振り付けなども含まれるから、一般的な「文芸、学術、美術、音楽」のイメージよりも広いと考えてよい。**ただし、日用品や工業製品などの「実用品」だけは著作権で保護されにくいという現実がある。**

　家具、家電、文房具、おもちゃ、アパレル……デザイン的に優れたものも多く、また類似品や模倣品に悩まされがちな業界だ。著作権侵害を巡る裁判例も多数ある。しかしながら、多くの判決はこうした実用品に著作権を認めることには消極的である。

　念頭にあるのは、実用品は文化保護の性質が強い著作権で保護するのではなく、産業秩序維持のための意匠権や商標権など、産業財産権で保護すべきという価値観だ。**この現実を踏まえ、実用品のメーカーは著作権に頼るよりもまずは産業財産権を取得し、これらの権利行使を考えるべきだ。**

　特に意匠権は重要だ。製品形状を保護する権利であり、意匠権

があるなら、わざわざ著作権を行使できるかどうかで悩む必要はない。ブランド名やマークを保護する商標権、製品の機構や工夫などの技術を保護する特許権も活用できる。これら諸権利を組み合わせることで、類似品への対抗はしやすくなる。

　ただし、創作により自然発生する著作権と異なり、産業財産権を取得するには特許庁へ出願を行い、審査を通過する必要がある。出願手続き自体に専門知識が必要で、多くは特許事務所に依頼することになるが、十数万から百万円以上のコストがかかる。そのうえ意匠権と特許権は、原則として製品発表前に出願しなければ登録できない。類似品が出てから意匠登録を検討しても遅いのである。

　こうした事情から、盤石な模倣品対策ができるのは予算が潤沢で最初から模倣対策の覚悟ができている一部の企業に限られる。一方、このことの救済措置として不正競争防止法が活用できる。この法律は、意匠権等の有無にかかわらず、他人の商品形態と実質的に同一形態の商品（デッドコピー品）を販売することを規制している。ただし規制が及ぶ期間が短く、日本国内での最初の販売日から3年間に限られる＊2。ともあれ**発売3年以内であれば、デッドコピー対策ならできる**というわけだ。

---

＊1　著作権法第2条1項1号
＊2　不正競争防止法第2条1項3号、第19条1項5号イ

# 090

# 実用品の模倣で著作権を
# 主張する場合のポイントは?

# 実用性とは関係ない
# 美的表現の主張がカギ

　実用品の模倣被害に遭っており、しかし意匠権などの産業財産権がなく、発売から3年以上経過して不正競争防止法も頼れない場合は、ハードルは高いが著作権の活用を検討せざるを得ない。だがやみくもに権利主張しても足元をすくわれるだけだ。**著作権が認められる可能性のある実用品の傾向を把握しておこう。**

　2010年代半ば頃までは、実用品を著作権で保護するには、実用品でありながら美的鑑賞の対象となるような高度な創作性が要求される傾向があった。つまり、単に部屋に置いたり引き出しにしまうようなものではダメで、床の間などに飾って愛でるようなレベルが求められたのである。例えば装飾品としての壺や花瓶、飾って鑑賞するドールフィギュアなどが対象だ。これはハードルが高い。

　その後、こうした要件を緩めた裁判例の積み重ねにより、このハードルは若干下がりつつある。すなわち、**実用品のデザインが「実用性を発揮するためのデザイン」と「美的鑑賞の対象になる表現」の要素に分離できるとき、後者に創作性があればその部分**

**に著作権を認める**という考え方（分離可能性説）が採用されるようになってきたのである。

　例えば、握ったときに手に馴染むように凸凹が設けられた鉛筆があって、その凸凹形状が独特のデザインになっていたとする。これは「握ったときに手に馴染む」という実用性を発揮するためのデザインだから著作権は認められない。一方、この鉛筆の上部が彫刻デザインとして成形されていた場合、この部分は実用機能とは関係ないから著作権を認め得る、という風に考えるのである。

　この考え方に依れば、**調度品やデザイナーズ家具と呼ばれる実用性から離れた装飾要素を持つ家具、凝ったデザインの香水の瓶、アクセサリー、おもちゃの（架空の）武器やぬいぐるみなどは著作権で保護される可能性がある。**

　もっとも、実用品に組み込む美的表現は、実用品が実用品として機能することを阻害するようでは成立しないため、実用性とまったく無関係にはなりにくい。鉛筆の彫刻なら、持ちやすさや書きやすさを阻害するほどの大胆なデザインは採用できない。結果として表現の自由度が低く、その制約内でできるデザインはありふれたものになりがちで、美的鑑賞の対象になり得たとしても、創作性が認められにくい傾向はあるだろう。

　ともあれ、実用品の著作権侵害を主張するには、**いかにそのデザインが実用性とは関係ない部分であるかを訴えることができるかがポイントになる。**デザインに自信のある実用品メーカーの担当者や工業デザイナーは、押さえておきたい考え方だ。

# 091

# うっかり無断利用してしまった際の事後承諾の取り方とは?

# 誠実さと多めの利用料を用意して謝ろう

　まともなビジネスパーソンなら、誰も敢えて著作権侵害のリスクを冒そうとは思わない。だが長く仕事をしていれば、確認不足、認識不足、忙しさからつい魔が差して……といった事情で、うっかり著作権侵害をしてしまうことは誰にでも起こり得ることだ。

　ハッと我に返って「しまった。これ、許諾を得るべきだった」と気付いたとき、どうすればよいか。反省はすべきだが、絶望するのはまだ早い。**著作物の利用許諾は、事前に得なければならないという法はない。実は「事後承諾」で話がつくケースも意外と多い。**

　話をしに行く前に、まず対象物が本当に著作権で保護されるかを検証しよう。よく考えれば創作性がなく著作権が発生しないと判断できたり、引用など、許諾不要な利用方法と判断できることもあるだろう。その場合、わざわざ事後承諾を取り行くのはヤブヘビである。

　事後承諾の申し入れが必要と判断したら、事後である以上、不

利な立場での交渉を覚悟しなければならない。**少しでも円滑に進めるために、先に相手の情報をなるべく集めておこう**。相手が法人なら、知的財産権の取得傾向、法務部門の有無、経営状況、取引関係、訴訟傾向などが気になるところだ。個人なら、仕事の経歴や実績、SNSやブログ等での発言から、著作権やライセンスに対する考え方を把握しておきたい。これらの情報から交渉の流れをある程度予想することができるし、そうでなくとも交渉相手の情報を知っているという実感があるだけで、精神的にはずいぶん楽になるだろう。

　いざ交渉するにあたって伝えなければならないのは、**①事後の申し入れとなってしまった不手際についての謝罪、②経緯の説明、③事後承諾のお願い**である。順序もこの通りが望ましい。予防線を張るような言い訳をダラダラとしたり、自己弁護を述べる人がいるが、かえって不誠実な印象を与えがちで逆効果である。「**正直**」「**誠実**」「**簡潔**」な態度と説明を心がけよう。

　誠実さは必須だが、それだけでは解決できないこともある。その場合、**何だかんだで金銭が円満な事後承諾への近道である**。財布と相談しつつだが、相場の2〜3倍程度の出費は覚悟して、相場程度の金額から提示して交渉するのがよいだろう。

　「誠実さ」と「カネ」とは実に身も蓋もない話だが、この2点をしっかり意識して交渉に臨めば、よほど運悪く偏屈な相手にあたらない限りは、相手も人の子。きっと事情は汲んでくれる。事後承諾の交渉は「案ずるより産むが易し」なのである。

# 092

# 著作権侵害の警告を受けたら？（言い逃れできない場合）

# 非を認めて、最小限の傷で済むよう交渉を

　著作権侵害を指摘する警告書を受け取ると、それだけで慌てふためいてしまっても無理はないが、必要以上に狼狽しなくてもよい。「警告」といっても実態は当事者間交渉の入り口だ。裁判所に出廷する必要も、逮捕されることもない。ちょっとハードな商談だと思って乗り切ろう。

　最初に必要なのは、本当に著作権侵害にあたるか否かの検討である。検討の結果、法的に落ち度があるなら真摯に受け止める必要があるし、落ち度がなければ応じる必要はない。これが基本動作である。

　**言い逃れのできない著作権侵害を指摘された場合、まずは素直に非を認めるのがよいだろう。足元をすくわれないようダラダラと言い訳して決して非を認めない者がいるが、明らかに権利侵害のうえに不誠実な態度を重ねて相手をさらに怒らせるのは悪手でしかない。誠実な謝罪の態度を示したうえで、最小限の傷で済むよう交渉しよう。**

　警告書には通常、侵害行為の停止や、商品の場合は在庫の回

収・廃棄、販売数量の開示などの要求が記されている。侵害自体は認めざるを得ないとしても、いわれるがままに要求を呑むのは困難な事情もあるだろう。**そこで、事後承諾を得られないか、侵害行為は停止するが在庫回収等は免除できないかなどと交渉するのである。**

　侵害を認めざるを得ない以上、著作権者に交渉の優位性があるのは疑いようがないので、ここで著作権者のメリットになるような交換条件を提示できると望ましい。**許諾料の上乗せや、別の仕事の発注などを持ちかければ乗ってくるかもしれない。**あるいは相手の弱みを握り（相手も似たような侵害行為をしている情報を入手するなど）、それを交渉レバレッジにする手も考えられる。

　そうした交渉材料が何もなく、相手が頑なな態度を崩さなければ、なりふり構っている暇はない。泣き落としでもなんでも活用しよう。「悪気はなく不注意だったのです」「担当者は処分しました」「経営が苦しくて金銭的余裕がないんです」など憐れみを誘うよう演出するのだ。**相手に「これ以上要求したら弱い者いじめになってしまう」と思わせ、恩情を引き出せれば成功だ。**「今後一切貴社の著作権を侵害しない」と誓約書や謝罪文を提出するのも効果的である。ただし、誓約したのに次にまたやらかしてしまえば今度はもはや許されない。最初の一回にしか使えない手だと自覚して、著作権侵害を起こさない体制を構築しよう。

# 093

# 著作権侵害の警告を受けたら?
# (反論できる場合)

## 権利主張者の
## 戦意喪失を狙おう

　著作権侵害の警告書を受け取ったが、検討の結果「反論の余地がある」と判断できることは少なくない。例えば「デザインが似ており著作権侵害だ」という内容の場合、主観的な思い込みで警告されることも多い。

　反論可能なら、相手の要求をそのまま受け容れる必要はない。とはいえ頑なに突っぱねると、折り合いがつかず問題がエスカレートし、裁判を起こされるのも面倒だ……。もしそんな懸念があるのであれば、**著作権侵害は否定しつつも、要求の一部を受け入れることで丸く収める「大人の解決策」が考えられる。**

　例えば、「著作権侵害にはあたらないと考えますが、弊社としても無用の紛争は本意ではないため、次回の生産分からデザインを変更いたします。その他の要求には応じかねます」といった回答が定石だ。これなら、著作権者としても矛を収める可能性はあるだろう。**ポイントは「いかに自社側の損失を抑え、かつ相手の納得を引き出すか」である。**こちらに落ち度のないトラブルを丸く収めるために、どこまでなら妥協できるかを考えればよい。極

端な話、最初から次回の生産予定などないのに前記の回答によって解決できれば、自社側の損失はゼロである。

　もちろん、反論できる以上は（特に非侵害を主張できる確度が高い場合は）全面的に要求を拒否してもよい。だがその場合でも、主張の応酬となって収拾がつかなくなったり、訴訟などへの発展を防止する策を考えるべきだろう。そのために必要なのは、**いかに相手に「争うとなると面倒だな」思わせ、戦意を喪失させるかの工夫である。**

　著作権侵害の警告書は大きく2パターンに分けられる。絶対に勝てるとの前提で書く「思い込み型」と、裁判で勝てるとまでは思ってないが強気で攻めれば要求を通せると考えて書く「ハッタリ型」である。

　思い込み型の警告書は、感情的で大げさな筆致であることが多い。この場合、非侵害となる理由を丁寧に諭すように説明してあげるとよい。**相手の頭を冷やし「冷静に考えると争うことは得策ではない」と気付かせるように仕向けることが重要だ。**ハッタリ型は一見すると理路整然とした主張をしているが、よく検証すればほころびがある。そこを**ロジカルに指摘して「簡単に丸め込める相手ではないぞ」と思わせることを意識しよう。**

　なおいずれの場合も、侵害にはならないだろうからと判断して警告書を無視するのはおすすめしない。相手の怒りが収まらず、次に何をしでかすか分からないからだ。警告をエスカレートさせずに終結させるには、こちらから著作権者に対し、翻意のきっかけを与えてあげることが大事なのだ。

# 094

## 無関係の第三者から「権利侵害クレーム」が来たら？

# 向き合うべきは
# 第三者ではなく権利者だ

　権利者でもなんでもない善意の第三者から「御社の商品は○○の著作権を侵害していませんか？」という問い合わせを受けることがある。思わずドキリとしてしまうのも無理はないが、**このような問い合わせ自体には法的な意味も効果も一切ない。大きなお世話そのものである。**また相手が部外者である以上、どんな回答も相手にとって何の実利もなければ顧客満足にも関係ない。せいぜい「貴重なご意見ありがとうございました」と答えておけばよく、基本的には無回答でも差し支えはない。

　ただし、問い合わせを受けたということは、権利侵害の疑義を招いた何らかの理由があるということだ。これをきっかけに社内で必要な検証や調査を行うのがよいだろう。その際、**質問主に「なぜそのように思われたのですか？」と逆質問することは一考に値する。**思いもよらない誤解が原因なら正すことができるし、検証や調査の助けになる場合もあるからだ。

　検証の結果、権利侵害だと判断した場合、対峙すべきは質問主ではなく権利者だ。事後承諾の申し入れ（➡ 091）などの対応

が必要である。権利侵害の可能性はないと判断した場合、基本的にそこで対応を終了して構わないが、踏み込んだ対応を検討すべき場合もある。

　というのも、**こうした余計な問い合わせをする手合いは、同じ問い合わせを権利者にもする可能性があるのだ**。あるいはネット上などに疑問を書き込むおそれもある。権利者や市場に無用の誤解を広められる可能性に備えて、その前に先手を打つことを考えてもよいだろう。

　すなわち、先にこちらから権利者にコンタクトを取ってしまうのだ。「このような問い合わせがあり、弊社内で確認しましたが権利侵害の事実はありませんでした。もしかすると権利者様にも問い合わせなどのご迷惑がかかるかもしれませんので、念のためご連絡いたしました」などと丁寧に伝え、「**権利侵害が存在しないこと**」について権利者との間でコンセンサスを得てしまうのである。

　他でもない権利者を味方につけてしまえば、いくら部外者が疑問に思おうが、それを公に表明しようが問題になりようがない。万が一にも誤解が広まることがあったら、権利者との共同声明によって濡れ衣を払拭することも検討できるだろう。

# 095

# ネット上でいわれのない
# 「パクリ疑惑」が……

# スルーしつつ、疑惑への
# 「攻撃」準備を進めよう

　SNSやネットニュースで、自社商品や広告に「パクリ疑惑がある」と書かれてしまった。だが社内調査の結果、誰も不正・不法な行為はしていない。ただなんとなく似ているだけなのだ。こうした濡れ衣が公に喧伝されてしまったとき、どう対処すればよいだろうか。

　**疑惑を寄せられたデザイナーや担当者は、エゴサーチもするだろうし、小さな書き込みやマイナーメディアの記事でも気にしてしまうものだ。**小さくても声高な非難の声に追い込まれて「早くコメントを出すべきではないか」「謝罪した方がいいのでは」などと釈明を焦る人は少なくない。だが大抵の場合、最も効果的な対応は、無視・無反応である。

　大規模な炎上騒動をネットニュースやワイドショーなどで見聞きした記憶から、過剰反応するむきがあるが、実は大して盛り上がらずに忘れ去られる「疑惑」の方が多い。当事者としては穏やかではいられない気持ちは分かるが、まずは「スルー」がおすすめだ。**むしろ、謝罪でも反論でも公に反応することで、そのことが騒動のニュースバリューを高める可能性がある。**自分から問題

を大きくする必要はないだろう。

　だが同時に、**万が一騒動がエスカレートしたときに備えて説明や想定問答を用意しておく周到さも必要だ**。このとき「謙虚な姿勢を見せておくのがいいだろう」と考え、やましいことは何もないのに謝罪の姿勢を示すのは安易である。理不尽な非難に付け入る隙を与えてしまう可能性がある。また、法的に正確な理論で正当性を訴えることも、人々の不信感を拭うには案外役に立たない。**いくらロジカルに説明しても「でも結局似てるよね？」という身も蓋もない素朴な疑問や反感を解消するのは、難しい場合があるのだ。**

　こうした「防戦」的なアプローチでは、どうしても釈明に追われている印象になる。発想を転換して、逆に攻勢に出ることも一案だ。つまり自己の正当性を主張するのではなく、疑惑や非難を投げかける側の不当性を明らかにすることで、世論を味方につけるのだ。「著作権侵害だ、パクリだ」という非難が先に立つと、どうしても疑惑を向けられた方が加害者に見えてしまう。しかし実態として制作過程に後ろ暗いことがないのに、あたかも不正を犯した犯罪者であるかのように囃し立てられているのである。見方を少し変えれば、善良な事業者の信用を毀損し、正当な表現行為や営業の自由を、過剰なクレームによって歪める方こそ加害者といえるのだ。これこそ不当であり、責められるべきことだろう。

　攻撃こそ最大の防御。「疑惑」の方こそ間違いで不当だと知らしめるためには、戦う姿勢を示す方が効果的な場合がある。そしてその姿勢に説得力があれば、世間の空気を変えることは可能である。

# 096

# 「無断転載禁止」「禁転載」には どんな効果がある?

## 法的効果はなく、 注意喚起のためのもの

　著作物の無断転載を防ぐために、あらかじめ著作物に「無断転載禁止」「禁転載」と書かれるケースが見受けられる。果たしてどの程度の効果が期待できるのか。積極的に書いた方がよいのだろうか。

　結論からいうと、これらには大半のケースにおいて法的効果がない。著作物の無断転載はもとより違法である。わざわざ「無断転載禁止」と記すのは、「痴漢禁止」のゼッケンをつけて電車に乗るようなもので、そんなことをしなくても痴漢が犯罪なのと同様に、**「禁止」と書こうが書くまいが著作物の無断転載は著作権侵害である。**

　**ただし注意喚起や牽制、啓発という観点での効果はあるだろ**う。漫画単行本の奥付や、映画やDVDソフトの冒頭には無断複製・配信を禁ずるメッセージが添えられているが、これには海賊版等の被害が大きいという背景事情があり、一定の抑止効果も発揮していると思われる。

　「無断転載禁止」と注記したにもかかわらず無断転載された場合、侵害者の罪が重くなることはあるか。例えば、得られる損害

賠償金の額は増えるのだろうか。残念ながら基本的にはないと考えた方がよい。理論上は「著作権者が明確に禁止の意思表示をしていることが分かっていながら侵害した」などと悪質性を訴えることは可能だが、注記程度では「明確な意思表示」というより「当たり前のことの確認」という評価が妥当だ。賠償金が上積みされるほどの悪質性の根拠にはならない。反対に、「無断転載禁止」と書いていなかったことを理由として、侵害者の罪が軽くなることもない。

　**ただし、侵害者に直接「無断転載は止めてください」と注意（警告）したにもかかわらず転載を止めなかったような場合には、悪質性が評価され、ペナルティの上乗せもあり得る**。単なる注記ではなく、能動的、直接的な意思の伝達が求められるというわけだ。


　「無断転載禁止」が法的効果を持つシチュエーションがひとつだけある。著作権法上、国や自治体、独立行政法人などが周知の目的で作成・公表する広報資料や報告書などの著作物については、他人は自己の刊行物に説明材料として分量の制限なくそれを転載することができる。具体的には内閣府の発行する経済白書や、ジェトロの発行する調査レポートなどである。ただしこれらの著作物に「無断転載禁止」とある場合には、そうした無制限の転載はできないことになる（他の一般著作物と同様の扱いになる）のだ[*1]。制作物に「無断転載禁止」と書くべきか否か、法的効果に照らして考える必要があるのは、公務員だけなのである。

---

＊1　著作権法第32条2項

# 097

# 「無断引用禁止」「無断AI学習禁止」にはどんな効果がある?

# 法的効果はなく、
# 意思表示に過ぎない

　参考にしようと思って閲覧した資料に「無断引用禁止」「無断AI学習禁止」などと書いてあったり、また著作権の切れた作品や法律上保護されないデータなどについて「無断転載禁止」と書かれていることもある。このような資料の利用には、何か特別な制限がかかるのだろうか。

　前項では、もともと違法な行為（著作物の無断転載）にわざわざ「禁止」を表明することの効果について述べたが、こちらは本来合法な行為について「禁止」を表明しているという違いがある。**このような「禁止」の表明には法的効果はなく、気にする必要はない。**

　著作物の引用やAI学習は、著作権者の一部には歓迎しないむきがあり、また原則違法であるかのような誤解もある。しかし、公表された著作物はすべて引用して利用することができる（➡ **031** ）。また、AIが出力するイラストや文章などを利用する際に著作権侵害の問題を生じることはある（➡ **027** ）ものの、AIに著作物を機械学習させることは、著作物に表現された思想

等を享受させることを目的としない利用と整理されており、原則自由である[*1]。

　合法な行為を著作権者の意思で違法化することはできない。**公道で勝手に「立入禁止」の看板を立てているようなもので、周囲を無用に困惑させる以外の効果はない。**無視して引用したり、AI学習に利用しても何も問題はない。

　**しばしば誤解されるが、引用やAI学習は、何も著作権者のお目こぼしで許されているわけではない。**先行著作物の引用利用によって新たな論説や表現を展開させることや、AI学習のようなそれ自体は著作物の思想・感情を享受しない利用行為を自由とすることが、文化の発展と豊かな社会の実現に必要だからである。そうした公益的趣旨のもとで、法律が、引用やAI学習を許容ないしは推進しているのだ。

　それを、**著作権者がイヤだからという理由で勝手に「禁止」を宣言してしまうことは、それこそ著作権法の趣旨に反した言動なのである。**「コンプライアンス違反」といってもいい。著作権者の立場においては、このような過剰な禁止宣言には抑制的でなければならない。また、利用者の立場でこのような表示を目にしたときは、意思表示としては受け止めるにしても、その意思に忖度して適法な利用を控えるのはもったいないし、文化や社会の発展を損なうという意味においては正しくないともいえるのである。

---

*1　著作権法第30条の4第2号

# 098

# 著作権と商標権は
# どっちが強い?

# 商標権では
# 著作物の利用規制は困難

　出版社と作家、広告代理店とデザイナーなど、著作物を取引するクライアントと著作者の関係性において、クライアントが著作者に無断で著作物の題号や図柄を商標登録することがある。また、老舗のキャラクター企業が著作権切れの図柄を商標登録することがある。「ミッキーマウスは今後著作権が切れても商標権があるから勝手には使えない」とはまことしやかに聞かれる話だ。さらに無関係の第三者が、勝手に他人の著作物を商標登録するトラブルもある。こうした場合、商標権によって著作物の利用は制限されるだろうか。

　**結論からいうと、商標権は著作物の利用制限にはほぼ役立たない。商標権の効力が及ぶのは「商標としての使用」がなされる場面に限られるからだ。**つまり、商標登録された著作物を、商品等の出所を表すブランド表示として用いれば商標権侵害になるが、そうでなければ商標権の効力の範囲外だからである。商標権は、漫画や映画などの「作品としての使用」に対しては無力であり、ミッキーマウスの登場する映画を上映したり、漫画やイラストと

してミッキーの顔や文字を書いても商標権侵害にはならない。一方、ディズニーはミッキーマウスの図柄を、公式ライセンスグッズであることを示すマーク（証紙）としても用いている（右図）。こうした使い方こそが商標としての使用である。無許諾の商品にこの証紙をコピーして貼り付ければ、

ミッキーマウスの著作権が切れたとしても商標権侵害になる。

　**作品の題号（タイトル）も、通常は商標としての使用にはならないので、題号が商標登録されていたとしても、題号として使用する分には制限はない。**例外として、シリーズ化した作品の題号（シリーズ名）で、著作者や発行元が変わっても、ある特定の出所が関わっているという共通認識が形成され得る場合は、題号としての使用でも、同時に商標としての使用にもなる場合がある。新聞・雑誌名、『広辞苑』などの辞書名などが典型例である。

　無関係の第三者や、関係者でも著作者に無断で著作物やその題号を商標登録した場合、そもそも登録自体が不正目的・公序良俗に反するものとして無効化される余地がある。そうでないとしても、商標法は、他人の著作権に抵触する登録商標は、たとえ商標権者といえども使用できないと定めている[1]。**いくら商標登録したからといって、他人の著作物を勝手に使えば著作権侵害なのである。**商標権で著作物の利用をコントロールしようとしても、こけおどし以上の効果はほぼないといえよう。

---

＊1　商標法第29条

# 099

# 著作権侵害は
# 「バレなければリスクはない」？

# バレたらどうするかを
# 考えよう

　企業コンプライアンスの重要性がとみに浸透している時代、横領や表示偽装などの不正行為について、社内の会議などで「バレなきゃいいだろう」などと口にする人はほぼいなくなった。ところが、著作権侵害については「バレなきゃ大丈夫では？」という声が比較的聞かれるようである。会社に損害を与える横領や、消費者を欺き社会に損害を与える表示偽装などと比べると、特定の著作権者の私益を害するに留まる著作権侵害は、小規模な悪事と思われているのかもしれない。

　また、営利目的でデッドコピーの海賊版を販売する行為などを除き、刑事事件において著作権侵害罪は親告罪（被害者である著作権者の告訴がなければ起訴されない罪）とされていることを背景にして、「著作権者が問題視しなければリスクはない」という言説もよく耳にするところだ。

　確かに「バレなきゃリスクはない」「著作権者が問題視しなければ大丈夫」というのは、一面として事実かもしれない。しかしこういうことを言う人は、大抵**「バレたらどうなるか」「問題視**

**されたらどうなるか」を考えておらず、単にバレないことや問題視されないことを期待しているだけなのである**。これでは、バレないうちはやり過ごせるかもしれないが、バレた途端にトラブル必至である。昨今では、権利者以外の第三者が侵害に気付いて著作権者に知らせたり、ネット上に書き込むことで発覚することもある（➡ **094** ）。

　もし危ない橋を渡ろうとするのであれば、**「バレたらどうするか」「問題視されたらどうするか」を考え、トラブルを乗り越えるシミュレーションをし、それを社内の関係者とも共有し、覚悟を決めたうえで実行すべきである**。「クレームが来たらこう切り返そう」「誰々に相談しよう」あるいは「すぐ謝りに飛んでいこう」「いつでも中止できるように備えておこう」でもいいだろう。反論方針、正当性を主張するロジック、事後承諾条件、撤退戦略などをあらかじめ準備しておくのだ。それがリスクヘッジである。

　そうすれば、いざトラブルになったときでも計画の一環として冷静に対処できる。「まさかバレるとは思わなかった……」とアタマが真っ白状態で右往左往するのとでは天と地ほどの差である。それに、慎重なシミュレーションを経ることで、そもそもトラブルになったり著作権者が問題視するような典型的な著作権侵害行為には自ずと抑制がはたらくはずである。**「よく考えたらこれは怒られそうだから、表現をここまで変えておこう」**などと正しく思い直すためにも、「バレなきゃいいだろ」という悪魔の囁きが聞こえるときほど、「バレたらどうする？」を自問するクセをつけるようにしよう。

# 100 「合法でもクレームが来るかも」と、それでも不安?

# 正当性に自信があれば、クレームは怖くない

　この問題で悩むビジネスパーソンは多い。そんなときには「たとえクレームを受けても、自己の正当性に自信を持ち続けることができるかどうか」を考えて実行の適否を判断しよう。

　非常識な言いがかりも含めれば、クレームリスクはゼロにはできない。法的にグレーでどちらとも取れるような問題ならまだしも、法的には何も問題がないのに、あたかも違法性があるかのように権利主張されることもしばしばある。

　ここで確認すべきは、**著作権や知的財産の問題に関して「勝手に使うな」という主張が保護しようとするのは、どのような大義名分があろうとも、結局ほとんどが権利主張者の「私益」であるということだ。**そして事業活動も、一般的には私益のために行うものだから、事業活動に対する著作権クレームは、私益と私益のぶつかり合いなのだ。

　対して、同じ表現問題でも、例えば差別的表現や宗教的表現の是非の問題は、差別のない社会の実現や信仰生活・戒律の尊重といった「公益」にかかわるものだ。われわれは社会の一員とし

て、違法性がなくとも公益には一定の配慮が求められる。私益と公益が衝突する際に、公益を優先することが社会的に正しい場合はあるだろう。

しかし、私益と私益が衝突した場合に、その解決のために拠り所とすべきは、一義的には法規であり、あるいは相手との関係性への配慮の必要性である。したがって「これって、著作権者からクレームが来ないかな？」と不安になったら、そのことで悶々と悩むのではなく、**まずは法的な正当性に自信が持てるかを確認し、次にビジネス関係上、著作権者に法的正当性以上の配慮が必要かどうかを検討すればいい。**

例えば、ゲームの公式攻略本を多く出版する出版社や、公式実況動画を配信するYouTuber事務所などは、本来許諾不要で合法に利用できる態様であっても、ゲーム会社にお伺いを立てる方がビジネス関係上正しい場合もあろう。片や、通常ゲーム会社と取引のない企業であれば、引用などの合法な方法で済むのであれば、自己判断で利用すればよいのである。

現実には、「クレームがくると何かと面倒くさい」という消極的な理由で、回避策や本来は不要な許諾申請や契約がなされるケースもある。しかし、**そうした対応は余計なコストとなり、事業のスピード感や自由度を削ぐ。また、ときにはクレーマーを助長させる側面もあるだろう。クレームを恐れるのではなく、正しい知識と判断力でそれを乗り越えることも大切なのだ。**

## あとがき

　あとがきでこのようなことを書くのもなんですが、著作権の知識がなくても、大抵の事業活動はこなすことができます。その意味で、本書で記したことは、ビジネスパーソンにとって必須の知識やスキルとはいえないかもしれません。一方で、およそあらゆる事業に著作権は無縁ではありません。著作物を一切扱わない事業など存在しないといっても過言ではないでしょう。われわれは日常的に、取引先や無関係の他人の著作物を利用し、また自己あるいは自社の著作物の利用を許して事業活動を行っているのです。

　著作権制度を使いこなすための正しい知識とスキルを備えていれば、それらは事業活動を有利に、安全に、または円滑にこなすための武器になります。著作権はビジネスパーソンに必須の知識やスキルではないものの、知っていれば得をするし、また知らなければ損をすることも確かなのです。

　ここで大事なのは、「正しい知識」は武器になるが、「中途半端な知識」はかえってビジネスの阻害要因になるということです。「勝手に使ったら著作権の関係でマズいらしいよ」と自制が効くのは、何の罪の意識もなく他人の著作物を無断利用する無法者よりはマシですが、「なんとなくマズいらしい」で躊躇したり、余計な回避行動を取ったり、計画をあきらめるのはもったいない話です。そうではなく、「本当にマズいのか」「どういう工夫をすれば適法化できるのか」を考え、根拠と確信を伴うリスク回避やリスクテイクを決断することが、ビジネスパーソンに真に求められる著作権知識であり、スキルなのだと考えます。

　本書はビジネスパーソン向けの著作権解説書ですが、先鋭的な学説も取り入れるなど、他の一般的な著作権の解説書よりも踏み込んだ見解を記すことを躊躇しませんでした。自分の実現したいことを簡単にあきらめずに、著作権法や関連法の力を駆使し、どのようにして自社の取り組みを肯定するかを考える。そうした姿勢を育むために、ご活用頂けたら幸いです。

　本書の成立にあたっては、編集者で企画者の早瀬隆春さんの豊かな見識、視座、助言が大きな支えになりました。ありがとうございました。そして本書を手に取っていただき、読んでくださった読者の皆様に、深く感謝申し上げます。

友利 昴

■主要参考文献

半田正夫、松田政行〔編〕『著作権法コンメンタール1～3』［第2版］（勁草書房）2015年

松田政行〔編〕『著作権法コンメンタール別冊』（勁草書房）2022年

小倉秀夫、金井重彦〔編〕『著作権法コンメンタール1～3』［改訂版］（第一法規）2020年

TMI総合法律事務所〔編〕『著作権の法律相談1～2』（青林書院）2016年

田村善之『著作権法概説』［第2版］（有斐閣）2001年

島並良、上野達弘、横山久芳『著作権法入門』［第3版］（有斐閣）2021年

中山信弘『著作権法』［第3版］（有斐閣）2020年

松尾剛行『広告法律相談125問』［第2版］（日本加除出版）2022年

電通法務マネジメント局〔編〕『広告法』（商事法務）2017年

北村行夫、雪丸真吾〔編〕『Q&A 引用・転載の実務と著作権法』［第5版］（中央経済社）2021年

田島正広〔監修・編集代表・編著〕『インターネット新時代の法律実務Q&A』［第3版］（日本加除出版）2017年

**友利 昴**（ともり すばる）

企業で法務・知財業務に長く携わる傍ら、主に知的財産に関する著述活動を行う。自らの著作やセミナー講師の他、多くの企業知財人材の取材記事を担当しており、企業の知財活動に明るい。主な著書に『エセ著作権事件簿』（パブリブ）、『知財部という仕事』（発明推進協会）、『オリンピックVS便乗商法』（作品社）など多数。講師としては、日本弁理士会、日本商標協会、発明推進協会、東京医薬品工業協会、全日本文具協会など多くの公的機関や業界団体で登壇している。一級知的財産管理技能士として2020年に知的財産管理技能士会表彰奨励賞を受賞。

## 職場の著作権対応 100 の法則

2023 年 7 月 30 日　初版第 1 刷発行
2024 年 7 月 15 日　　　第 2 刷発行

著　者——友利 昴　　Ⓒ 2023 Subaru Tomori
発行者——張 士洛
発行所——日本能率協会マネジメントセンター
〒 103-6009 東京都中央区日本橋 2-7-1　東京日本橋タワー

TEL 03(6362)4339(編集)／03(6362)4558(販売)
FAX 03(3272)8127(編集・販売)
https://www.jmam.co.jp/

装　　丁——冨澤 崇（EBranch）
本文 DTP——株式会社森の印刷屋
印　刷　所——広研印刷株式会社
製　本　所——東京美術紙工協業組合

ISBN 978-4-8005-9129-6　C3032
落丁・乱丁はおとりかえします。
PRINTED IN JAPAN

# 基本がわかる実践できる
# 図解 品質コンプライアンスのすべて

## ISO9001：2015プロセスアプローチによる不正防止の進め方

基本がわかる／実践できる
A Practical Guide to Implementation

【図解】品質
コンプライアンス
のすべて

図解&事例

株式会社 小林経営研究所
小林久貴
Hisataka Kobayashi

ISO9001：2015
プロセスアプローチによる
不正防止の進め方

プロセスアプローチをどのように不正防止につなげるのか！
不正防止のリスクアセスメントをどのように進めるのか！
マネジメントシステムとしてどのように運用するのか！
違反が起きない安心で有効な組織運営をどのように行うのか！

日本能率協会マネジメントセンター

小林　久貴 著　／　A5判　232頁

　自動車会社の燃費データ偽装、製鉄会社の品質データ偽装などが昨今、社会問題化しています。過度なコスト圧縮や納期短縮のプレッシャーなどが主要因ですが、この問題を未然に防ぐのがISO9001(品質マネジメントシステム)：2015年版のプロセスアプローチの考え方に基づく「品質コンプライアンスマネジメント」です。

　本書はこのテーマに長年取り組んでいるコンサルタントが、具体的にどのように仕組みを構築して対処していくのかを図表や図版を添えて、わかりやすく解説します。

**日本能率協会マネジメントセンター**